武术教学与训练研究

仲伟海 ◎ 著

吉林出版集团股份有限公司

图书在版编目（CIP）数据

武术教学与训练研究 / 仲伟海著. — 长春：吉林出版集团股份有限公司, 2024. 8. — ISBN 978-7-5731-5863-5

Ⅰ. G852.02

中国国家版本馆CIP数据核字第2024HH9369号

武术教学与训练研究

WUSHU JIAOXUE YU XUNLIAN YANJIU

著　　　者	仲伟海
责任编辑	聂福荣
封面设计	林　吉
开　　　本	787mm×1092mm　　1/16
字　　　数	175千
印　　　张	13
版　　　次	2024年8月第1版
印　　　次	2024年8月第1次印刷
出版发行	吉林出版集团股份有限公司
电　　　话	总编办：010-63109269
	发行部：010-63109269
印　　　刷	廊坊市广阳区九洲印刷厂

ISBN 978-7-5731-5863-5　　　　　　　　　　　　定价：78.00元

版权所有　　侵权必究

前　言

在浩瀚的中华传统文化长河中，武术以其独特的魅力与深厚的底蕴成为一门集健身、防身、修心于一体的综合性技艺。它不仅承载着古人的智慧与哲思，更是中华民族不屈不挠、自强不息精神的生动体现。随着时代的进步与全球化的推进，武术不再局限于本土，而是作为一张亮丽的文化名片走向了世界舞台，引起无数人的关注。因此，深入探讨武术教学与训练的研究不仅是对传统文化的传承与发展，也是促进人类身心健康、增进国际文化交流的重要途径。

在快节奏的现代生活中，人们面临着前所未有的身心压力，而武术作为一种低门槛、高效能的锻炼方式，其独特的内外兼修理念，对于提升个体的身体素质、心理素质乃至道德品质都具有不可估量的价值。科学的教学与训练方法不仅能够使学习者掌握武术的基本技能与理论，更重要的是能够引导他们领悟武术背后的文化内涵与精神追求，实现身心的和谐统一。

此外，武术教学与训练的研究还面临着诸多挑战和机遇。一方面，如何在保留传统武术精髓的基础上融入现代科技手段，提高教学效果与训练效率，是当前亟待解决的问题。另一方面，随着国际交流的日益频繁，武术的国际化传播已成为不可逆转的趋势，如何根据不同地域、不同文化背景的学习者特点，制订个性化的教学方案，也是武术教学与训练研究的重要方向。

武术教学与训练研究是一项既具有深远历史意义，又充满现实挑战的工作。它要求我们既要深入挖掘武术的传统文化内涵，又要勇于探索创新，不断适应时代发展的需求。只有这样，我们才能真正实现武术的薪火相传，让这一宝贵的文化遗产在新时代焕发出更加绚丽的光彩。

仲伟海

2024 年 1 月

目　录

第一章　武术的基础知识与基本技术 …………………………… 1

第一节　手型、手法 ……………………………………………… 2

第二节　步型、步法 ……………………………………………… 5

第三节　肩臂运动 ………………………………………………… 8

第四节　腰部运动 ………………………………………………… 9

第五节　腿部运动 ………………………………………………… 11

第六节　跳跃运动 ………………………………………………… 16

第二章　武术教学的基本理论与优化 …………………………… 19

第一节　高校武术教学内容及优化 ……………………………… 19

第二节　高校武术教学方法及优化 ……………………………… 25

第三节　武术教学模式及优化 …………………………………… 34

第三章　武术套路技术教学 ……………………………………… 40

第一节　长拳的基本技术动作 …………………………………… 40

第二节　刀术的基本技术动作 …………………………………… 81

第三节　棍术的基本技术动作 …………………………………… 97

第四节　剑术的基本技术动作 …………………………………… 122

第五节　枪术的基本技术动作 …………………………………… 133

第四章　武术套路的训练实践 163
第一节　身体训练 163
第二节　心理训练 183
参考文献 200

第一章　武术的基础知识与基本技术

全面掌握武术的基础知识与基本技术，加强基本功与基本动作练习，注重提高手、眼、身、步等方法的协调运转能力，能够为武术运动水平的不断提升奠定良好的身体基础。要明确人体各部位的运动规律，掌握正确的练功方法，进行科学、系统、严格的训练，对提高身体各项运动指标以及运动水平是不可或缺的重要环节。

武术的基础知识与基本技术是从事武术运动必须学习和掌握的内容，即武术的入门知识，它主要指武术的基本功、基本动作以及练习方法。对武术的基本功和基本动作的学习与训练，能有效提高身体各关节、韧带的柔韧性和灵活性，增强人体肌肉在运动中的控制能力和弹性，增强武术运动必须具备的体能、技能和心理素质，从而达到内外兼修的目的，为学习拳术和器械套路打好基础。同时，还能有效地预防和减少武术运动损伤的发生。

在武术运动中，正确姿势的塑造和运动素养的体现主要依赖于手、眼、身、步等方法的协调运转和人体各运动器官的有机结合。因此，学习武术必须明确人体各部位的规格要求，正确地掌握基本功和基本动作，并在科学的方法指导下进行严格、系统的训练，这样才能使身体各项运动指标（人体运动专项素质）得到较为全面的提升，为武术运动水平的提高奠定良好的基础。

第一节　手型、手法

武术中的手型主要包括拳、掌、勾三种，手法主要是指这三种手型与各种攻防技术结合所产生的运动形式。掌握手法与人体其他部位的精密合作及其运动规律，对提高人体各器官系统协调配合的能力以及适应环境变化的能力具有重要作用。

一、手型

（一）拳

四指并拢向内卷握，拇指紧扣于食指和中指的第二指节上。拳的各部位名称分别是拳心、拳背、拳眼、拳轮、拳面。

动作要点：五指握紧，四指根部成平面，直腕。

（二）掌

四指伸直并拢，拇指弯曲，紧扣于虎口处。掌的各部位名称分别为掌心、掌背、掌根、掌指、掌外缘。

动作要点：五指紧靠。

（三）勾

五指尖捏拢，屈腕。勾手的部位名称是勾尖、勾顶。

动作要点：五指弯曲紧扣。

二、基本手法

（一）拳法

1. 冲拳

（1）预备姿势：两脚呈前后站立，约与肩同宽。以左脚在前为例（下同），两拳抱于腰间，两拳心向上，肘部向后夹紧。

（2）右拳从腰间向前冲出，臂伸直向内旋转，右拳眼向上，高与肩平；左肘向后牵拉。目视右拳。

动作要点：挺胸、收腹、直腰。右拳冲出时做到腰拧、肩向前顺、急旋臂，力达右拳面。立拳拳眼向上，俯拳拳心向下。

2. 贯拳

接冲拳动作。左拳从腰间经左侧向前、向里呈弧形横击，手臂向内旋转微屈，略高于肩部，左拳心向下；右拳收于腰间，右拳心向上。

动作要点：双肩要松沉。右拳击出弧度要小，以右拳面为着力点。

3. 抄拳

接上动作。右拳从腰间向前上方呈弧形击出，右臂微屈，右拳心向左，略高于肩；左拳收于腰间，左拳心向上。

动作要点：双肩要松沉。右拳击出弧度要小，力达右拳面。

4. 劈拳

接上动作。上体向右转。右拳向内旋转随转体向上、向右侧弧形下劈，高与肩平，右臂伸直，右拳眼向上。

动作要点：右拳抡出，沿着弧线运行，力达右拳轮。

5. 砸拳

接上动作。上体向左转。右拳随转体向外旋转并向头上方举起，随即右臂屈肘右拳向右前方砸出，右拳心向上。

动作要点：右拳砸击时以拳背部为着力点。

（二）掌法

1. 推掌

接上动作。左手臂向内旋转，左拳成为掌，从腰间向前推出，左臂伸直，掌心向前，左掌指向上，略高于肩部；右拳收于腰间，右拳心向上。

动作要点：左掌推出时腰拧，肩向前顺，急旋臂，以左掌根部为着力点。

2. 穿掌

接上动作。右拳变为掌，从腰间向前直臂穿出，右掌心向上，略高于肩部；左掌握拳收于腰间，左拳心向上。

动作要点：右掌穿出时腰拧，肩向前顺，以右掌指尖为着力点。

3. 挑掌

接上动作。左拳变为掌，从腰间向前上方弧形挑起，臂微屈，左腕向上翘起，掌指向上，掌心斜向前，左掌指略高于肩部；右掌握拳收于腰间，右拳心向上。

动作要点：左掌挑出的弧度要小，以左掌指尖为着力点。

4. 按掌

接上动作。左掌向上、向前经面部前方按于胸前，左臂屈肘，掌心向下。

动作要点：以左掌心为着力点。

（三）肘法

1. 顶肘

接上动作。左掌变为拳，左臂屈肘，以肘顶部向左侧平行击出，左拳心向下，左肘部高与肩平。

动作要点：顶肘动作大小臂夹紧，力达左肘尖。

2. 压肘

接上动作。左拳向外旋转，经面部向上、向左前方弧形下压肘，左拳心向上，高与胸部平。

动作要点：左肘下压时以小臂外侧为着力点。

3. 格肘

接上动作。左前臂向内旋转向上、向左前方格出，左拳眼向里，左拳面向上，高与眼眉平。

动作要点：屈肘小臂竖起，以小臂外侧为着力点。以上手法左右交替练习。

第二节　步型、步法

武术运动中的步型和步法是学习武术各种拳术和器械套路的基础，它直接影响动作完成的质量及运动水平的提高。练习步型和步法主要是增加腿部的力量，提高两腿移动转换的速度、灵活性及稳定性。将武术的步型、步法与各种动作技术有机结合起来进行练习，对学习和掌握武术攻防技术的应用十分重要，武术的基本步型主要有弓步、马步、虚步、仆步、歇步五种。基本步法有上步、进步、退步、撤步、击步、垫步等。

一、基本步型

（一）弓步

上体正对前方。左脚向前上一大步，约为本人脚长的四倍，脚尖稍向内扣，左腿屈膝半蹲，大腿接近水平，左膝部与脚心垂直；右腿伸直，脚尖向内扣 45 度左右，两脚全脚掌着地，成左弓步。两手握拳，收抱于腰间，两拳心向上。右腿屈膝前弓成右弓步。

动作要点：挺胸，塌腰，沉髋。

（二）马步

上体正对前方。两脚平行开立，约为本人脚长的 3 倍，脚尖正对前方，屈膝半蹲，大腿接近水平。身体重心落于两腿中间。两手握拳，收抱于腰间，两拳心向上。另外，左（右）脚尖向左（右）前方，成左（右）半马步。

动作要点：挺胸，塌腰，脚跟向外蹬。

（三）虚步

上体正对前方。左、右脚前后开立，身体重心落于右腿，右腿屈膝半蹲，右脚尖向外展约 45 度；左腿屈膝，左脚稍向内扣，绷紧脚面，脚尖虚着地为左虚步。两手握拳收抱于腰间，两拳心向上。

动作要点：挺胸，塌腰，虚实分明。

（四）仆步

上体正对前方。两脚左右开立，全脚掌着地，右腿屈膝下蹲，臀部接近小腿，脚与膝向外展；左腿在左侧伸直，脚尖向内扣，成左仆步。两手握拳收抱于腰间，两拳心向上。目平视左前方。右腿在右侧伸直为右仆步。

动作要点：挺胸，塌腰，沉髋。

（五）歇步

上体正对前方。两脚左右开立，上体向左转。两腿交叉，与大腿贴紧下蹲，左腿在上，左脚掌全着地，脚尖向外展；右腿在下，右脚前脚掌着地，臀部坐于右脚脚跟处，成左歇步。两手握拳收抱于腰间，两拳心向上。

动作要点：挺胸，塌腰。

二、基本步法

（一）上步

两脚前后站立，左脚在前。两手握拳，收抱于腰间，两拳心向上。右脚向前上一步。

（二）进步

两脚前后站立，左脚在前。两手握拳收抱于腰间，两拳心向上。左脚向前上半步，右脚跟近半步。

（三）退步

两脚前后站立，左脚在前。两手握拳收抱于腰间，两拳心向上。左脚向后退一步。

（四）撤步

两脚前后站立，左脚在前。两手握拳，收抱于腰间，两拳心向上。右脚向后撤半步，左脚跟随右脚撤回半步。

（五）击步

两脚前后站立，左脚在前。两手握拳收抱于腰间，两拳心向上，两脚蹬地跃起，身体腾空，右脚内侧碰击左脚脚跟部位，右、左脚依次落地。目平视前方。

（六）垫步

两脚前后站立，右脚提起，向左脚内侧落地踏实，左脚随即蹬地提起。两手握拳收抱于腰间，两拳心向上。目平视前方。

第三节　肩臂运动

肩臂部练习可以增进肩部关节韧带的柔韧性，增加肩部关节的活动范围，发展肩臂部的力量，提高上肢环绕的能力，为学习和掌握各种手法提供必要的专项素质。练习的方法主要有压肩、手臂环绕等。

（一）压肩

面对肋木或一定高度的物体站立，两腿伸直，两脚自然分开。两手按扶在肋木上，双臂伸直。上体向前俯，做上下振动压肩动作。

动作要点：挺胸，塌腰，振幅逐渐加大。

（二）单手臂环绕

两腿前后开步，右手叉腰，左手臂垂于体侧，然后向前、向上、向后、向下环绕，为向后环绕，目平视前方；左手臂向后、向上、向前、向下环绕为向前环绕。左右手臂交替进行练习。

动作要点：上体正直，手臂伸直，肩放松，手臂贴近身体侧面环绕成立圆，臂向上抡，尽量贴近耳朵；臂向下抡，尽量贴近腿外侧。

（三）双手臂顺向环绕

两腿前后开立，右臂向前平举，左臂向后摆起；然后左右两手臂同时顺向环绕，右手臂向上、向后、向下画弧，左手臂向下、向前、向上画弧。目平视前方。左右手臂前后交替进行练习。

动作要点：与单手臂环绕相同。唯有双手臂环绕时要协调一致。

（四）双手臂逆向环绕

两腿直立，约与肩宽，两手臂垂于体侧；然后左右两手臂同时逆向环绕，右手向前、向上、向后、向下画弧，左手向后、向上、向前、向下画弧。左右手臂前后交替进行练习。

动作要点：与双臂环绕相同。

（五）双手臂环绕仆步拍地

两腿开立，两手臂侧平举。上体向左转。右手向下、向前、向上画弧，同时左手向上、向后、向下画弧。上体向右转。左、右手继续画弧，成立圆环绕。左腿屈膝下蹲，右腿伸直成右仆步。右手向上、向前、向下画弧至右小腿内侧拍地，手心向下；左手向下、向后画弧至左上方，拇指侧向上。两手臂成一斜线。目视右手。左右交替进行练习。

动作要点：拍地与仆步动作要同时完成。

第四节　腰部运动

腰部练习主要是提高腰部的柔韧性、灵活性和力量等素质。在武术运动中有手法、眼法、身法、步法四个要素，腰是集中反映身法技巧的关键，是贯通上下肢体运动的枢纽，是提高武术运动水平的重要组成部分。腰部也是运动损伤多发部位之一，因此，必须科学、系统地进行练习。腰部练习主要有前俯、后甩、左右晃、拧、涮等方法。

（一）前俯腰

两脚并拢，两腿直立；两手臂伸直上举，手心向前。上体向前俯，两手掌尽量接触地面，掌指向前；或两手向后分别抱住两脚的跟腱部，上体逐渐用力，使胸部贴近腿部。

动作要点：挺胸，塌腰，收髋，上体尽量向前屈。

（二）后甩腰

两腿直立，两脚分开，平行站立，两脚间的距离约与肩同宽。两手臂伸直向前、向上举起，手心向前，然后以腰椎关节为轴，上体做向后甩动的动作，两手臂随之前后摆动。

动作要点：挺胸，抬头，向前后甩动，腰的动作要有节奏、有弹性，练习时速度逐步加快。

（三）晃腰

左右开步站立，两手臂伸直侧平举。上体向后仰，并左右转动，两手臂随之上下摆动。

动作要点：挺胸，抬头，腰部有弹性，练习时速度逐渐加快，手可触地。

（四）拧腰

两腿前后站立，右脚在前。上体向右后侧倾，右手臂伸直向右后侧斜上举，手心向上；左臂屈肘平举于胸前，手心向下。上体向左后转动，下体随之向右后转动。左右交替进行练习。

动作要点：手臂与躯干充分伸展开，练习时速度逐渐加快。

（五）涮腰

两脚开立，略宽于肩部。上体向左前俯，两手臂向左前伸出。上体向左、向后、向右翻转环绕，同时，两手臂随之环绕摆动。左右交替进行练习。

动作要点：手臂与躯干充分伸展开，上体环绕幅度逐渐加大。

第五节　腿部运动

腿部练习主要是拉伸腿部肌肉与韧带，提高腿部的柔韧性、灵活性和力量等素质。腿法是武术运动"踢、打、摔、拿"四大技术之一，拳谚中有"手是两扇门，全凭腿打人"之说。腿法在用法上具有力量大、难防守、变化灵活等优点，中外搏击高手多擅长运用腿法。腿部练习的方法主要有柔韧性、屈伸性、直摆性、旋转性四种。

一、腿柔韧练习

（一）压腿

（1）正压腿：面对一定高度的物体。左腿直立支撑；右腿提起脚跟放在物体上，脚尖勾起。两手扶按在膝部，上体向前俯，做振动下压动作，尽量以下巴颏触及脚尖。左右交替进行练习。

动作要点：两腿伸直，直腰，收腿，练习时振幅逐渐加大。

（2）侧压腿：身体侧向一定高度的物体。右腿直立支撑；左腿提起脚跟放在物体上，脚尖勾起。右臂屈肘向上举起，右掌心向下；左臂屈肘置于胸前，左掌立于右胸前,掌指向上。上体向左侧俯,做振动下压动作,并以左耳触及脚尖。左右交替进行练习。

动作要点:两腿伸直,直腰,右手臂尽量向头后侧振动,练习时振幅逐渐加大。

(3)后压腿:身体背对一定高度的物体。两手臂向前举。右腿直立支撑;左腿向后举起,脚背放在物体上,脚面绷直,上体向后仰,两手随之向上、向后摆动。左右交替进行练习。

动作要点:两腿伸直,挺胸,展髋,练习时振幅逐渐加大。

(二)搬腿

(1)腿向前搬:右腿直立支撑,左腿向前上举起。两手臂伸直侧平举,手指向上。由同学站在对面托住脚跟部位向上推动。左右交替进行练习。

动作要点:挺胸,塌腰,收腹,用力逐渐加大。

(2)腿向侧面搬:左腿直立支撑,右腿由身体侧面向上举起。左臂向左上方举起,掌心向上;右臂屈肘置于胸前,右掌指向上。由同学站在侧面托住脚跟向上推动。左右交替进行练习。

动作要点:两腿伸直,直腰,送髋。

(3)腿向后搬:上体略向前俯,双手扶着一定高度的物体,左腿直立支撑;右腿伸直,向身体后上方举起,绷脚背。由同学站在背后托住膝部向上推动,上体向后仰。左右交替进行练习。

动作要点:两腿伸直,挺胸,展髋。

(4)抱腿:左腿直立支撑,右腿屈膝抬起。右手抱搂膝部,左手抱搂脚背,两手合力搂抱,使膝部贴近上体。左右交替进行练习。

动作要点：上体正直，挺胸，收髋。

（三）劈腿

（1）竖叉：左右腿前后分开成直线，左腿后侧着地，脚尖勾起；右腿内侧或前侧着地。两臂伸直侧平举，两掌指向上。

动作要点：挺胸，直腰，沉髋，直腿。

（2）横叉：左右腿向两侧分开成一直线，两脚内侧着地。两臂伸直侧平举，两掌指向上。

动作要点：与竖叉相同。

二、屈伸腿练习

（一）弹腿

右腿直立支撑，左腿屈膝抬起，脚尖自然下垂，随之左脚向前弹出，左腿挺直，绷紧脚背，左脚高与腹部平。两手叉腰，目视前方。左右交替进行练习。

动作要点：挺胸，直腰，脚弹出要有爆发力，力达脚尖。

（二）蹬腿

左腿直立支撑，右腿屈膝抬起，右脚尖自然下垂，随之右脚向前蹬出，右腿挺直，勾脚尖，右脚高与腹部平。两手叉腰，目视前方。左右交替进行练习。

动作要点：挺胸，直腰，脚蹬出要有爆发力，力达脚跟。

（三）侧踹腿

右腿直立支撑，左腿屈膝抬起，脚尖自然下垂，随之左脚向左侧踹出，左腿挺直，脚尖向内扣，左脚高与腰部平。两手叉腰，目视踹腿方向。左右交替进行练习。

动作要点：挺胸，直腰，脚踹出要有爆发力，力达脚掌。

三、直腿摆练习

（一）正踢腿

上体正直。两腿直立，两脚并拢。两臂伸直侧平举，两掌指向上。右脚向前上步，右腿直立支撑；左腿伸直向前额踢起，勾脚尖。目视前方。左右交替进行练习。

动作要点：挺胸，直腰，收腹。踢腿时脚尖勾起，力达脚尖。

（二）侧踢腿

上体正直。两腿直立，两脚并拢。两臂伸直侧平举，两掌指向上。上体向右转。右脚向前上步，脚尖向外撇踏实，右腿直立支撑；左腿伸直，向上踢起，左脚向左耳侧踢出，勾脚尖。同时，右手臂屈肘向上摆，右臂屈肘架于左上方，右掌心向上；左臂屈肘收至胸前，左掌指向上。目视前方。左右交替进行练习。

动作要点：挺胸，直腰，侧身，收腹。踢腿时脚尖勾起，力达脚尖。

（三）里合腿

上体正直。两腿直立，两脚并拢。两臂伸直侧平举，两掌指向上。左脚向前上步，左腿直立支撑；右腿伸直，向右上方踢起，右脚尖勾起向内扣，并经面部方向左侧弧形摆动。目视前方。左右交替进行练习。

动作要点：挺胸，直腰。里合时腿摆动幅度成扇形。

（四）外摆腿

上体正直。两腿直立，两脚并拢。两臂伸直侧平举，两掌指向上。左脚向前上步，左腿直立支撑；右腿伸直，向左前方踢起，右脚尖勾起内扣，并经面部方向右侧弧形外摆。目视前方。左右交替进行练习。

动作要点：挺胸，直腰。外摆时腿摆动幅度成扇形。

四、腿旋转练习

（一）向前扫腿

（1）两腿并步直立。上体向右转。右腿屈膝，左脚提起，向右脚后退步，同时右手臂向右侧平摆，左手臂屈肘置于胸前。目视右掌。

（2）上体向左后转。左腿屈膝下蹲，左脚跟抬起以脚前掌为轴；右腿伸直平仆，右脚掌着地，脚尖向内扣，向前扫一周半。同时左手臂向左平摆，随之向左上方举起，至左肩上方成亮掌，掌心向上；右手臂随转体向左摆动，继而右手向内旋转变成勾手，向下画弧，置于身体右后方，右勾尖向上。目视右前方。

动作要点：上体正直，头部向上顶。腿在扫动中要始终保持右仆步姿势，身体重心平稳，右脚尖领先，全脚掌贴近地面；头转动与腿向前扫的动作衔接连贯、协调，眼睛随腿的扫转动作平视前方。

（二）向后扫腿

（1）两腿并步直立。左脚向前上步，左腿屈膝；右腿伸直，成左弓步。同时两掌向前直臂推出，掌心向前，掌指向上。目视前方。

（2）上体向右转并向前俯。左腿屈膝下蹲；右腿伸直，成右仆步，脚尖向内扣。同时，两手随转体向右腿膝部内侧扶地，并顺着上体向右转拧的惯性，两手支撑；随之以左脚前掌为轴，右脚掌贴地向后弧形扫出，旋转一周。

动作要点：下蹲扶地，转腰与腿后扫的动作要衔接连贯、协调；力达脚跟。

第六节　跳跃运动

跳跃练习分为直蹿、翻身和旋转三种类型。跳跃的高度和完成动作的质量主要依靠增强腿部力量、提高弹跳能力以及在空中对身体动作控制和身体姿势协调的能力。它是武术基本功训练中必不可少的内容，主要有腾空飞脚、旋风脚、腾空摆莲腿、旋子以及相对应的辅助性练习的动作。

（一）腾空飞脚

（1）从并步直立开始（助跑）。右脚向前上步，左手臂向前上方摆起，右手臂向后摆动。身体重心提起，右脚在前蹬地起跳，左脚提起，向前上方直腿摆起。同时，右手臂向前、向上摆起，并以右手背迎击左手掌至头顶上方，手心向前，身体腾空。目视前方。

（2）身体在空中。左腿屈膝提起，脚尖自然下垂；右脚蹬地起跳后，迅速向前上方直腿踢起，绷脚面。同时，右手掌向前迎击右脚面，高过腰部；左手击拍后变勾手或掌，向左侧斜上方直臂举起，左勾尖向下，高过肩部。目视右手。然后右、左脚依次落地。

动作要点：起跳要有爆发力，腾空要高；拍手与拍脚动作须连贯、准确、响亮；拍脚时上体略向前倾，双脚落地要有缓冲。

（二）旋风脚

（1）从并步直立开始（助跑）。右腿直立支撑，左脚向身体前方上步，脚前掌着地，左腿伸直。左手臂向左侧平举，掌指向上；右手臂向右侧上方举起；掌指向上。目视左掌。

（2）上体向左转。左脚向左侧上步，左脚尖向外撇；右脚向前上步，右脚尖向内扣。身体重心移于右腿。同时，左手臂向前、向右、向上、向左、向下画弧至于前下方，右手臂随转体向前摆动至右上方。

（3）右脚蹬地起跳，左腿提起，向左上方摆起，身体在空中向左后上方翻转一周。同时，两手臂向下，经腹前分别向左上方摆起，左腿自然屈膝(直腿)，脚尖自然下垂，右腿向前上方里合摆起，左手掌在面前迎击右脚掌，然后左、右脚依次落地。

动作要点：起跳要有爆发力，身体腾空要高，身体在空中时要挺胸、直腰，头部向上顶；拍脚动作须准确、响亮；左腿做向里合踢腿时摆动成扇形，双脚落地要有缓冲。

（三）腾空摆莲腿

（1）从并步直立开始（助跑）。左脚向前上步，右脚跟提起。同时，右手臂向前上方摆起，左手臂向后摆动。目视前方。

（2）右脚向右前方上步，右脚尖向外撇。同时，左手向前上方摆起，手心向下；右手向下、向后摆动。目视前方。

（3）上体向右转。右脚蹬地起跳，左脚向右上方弧形摆起，同时，右手向下；向前上方摆动至额前上方，并以右掌背迎击左掌心。

（4）身体腾空，继续向右旋转。右腿向前、向右上方弧形外摆，绷脚面；左腿屈膝提起，控制于左下方。同时，左右手依次在额前上方拍击右脚面，然后左、右脚依次落地。

动作要点：左右脚上步要沿着弧线运行，右脚蹬地要有爆发力，身体腾空时头部要向上顶；拍手、拍脚动作须连贯、准确、响亮；上体微向前倾；左腿向里摆动与右脚向外摆动要衔接连贯、协调,右腿摆动要成扇形,双脚落地要有缓冲。

(四)旋子

(1)从并步直立开始(助跑)。右脚上步,脚尖稍向内扣踏实,随即蹬地垫步;左脚提起,向右脚后插一步,成交叉步。同时,两手臂向右摆起,手心向下。目视右侧。

(2)上体平俯向左甩动。身体重心移于左腿,左脚蹬地起跳;右腿向后摆动踢起,右脚高与头顶平。同时,左手随转体向左上方摆起;右手向前摆动。

(3)上体继续向左上摆起,身体悬空。左腿向后摆动踢起,左脚高与头顶平,两腿随身体旋起;然后右、左脚依次落地。

动作要点:挺胸、抬头,使身体成为反弓形,并向左旋转,两脚向后踢起,高与头顶平,双脚落地要有缓冲。

第二章 武术教学的基本理论与优化

科学教学理论对教学实践具有指导作用，武术教学的科学开展与实施应以武术教学相关学科理论为指导，在此基础上，结合武术教学与学生实际情况促进武术教学的优化。本章重点从教学内容、教学方法、教学模式三个方面展开分析论述，以促进武术教学的科学有序开展，不断提高武术教学质量，优化武术教学效果。

第一节 高校武术教学内容及优化

一、概念

教学内容是教学体系的重要构成要素，是教学中实现教学目的和教学任务以及教学形态的方式的总称。

教学内容主要以教材形式出现，一些知识能否作为教学内容，以教材形式呈现给师生，需要教材编写组人员的层层筛选。教学内容是学科教育者按照育人的要求，在总结前人学科教学和教育实践经验的基础上，遵循教学规律、学生认知规律等，结合学生的发展制定的实践材料。

武术教学内容是在武术教学实践中教师教与学生学的实践材料，是联结教师与学生的中介。在武术教学中，教师可在选编教学大纲的基础上，结合本校学生实际来丰富武术教学内容。

二、武术教学内容的构成

（一）基本教学内容

1. 体育及相关学科原理与知识

体育、保健、医学、运动学等原理与知识是武术教学的基础内容，这一部分的教学有利于引导和指导学生科学地从事武术学练。

在武术教学中，体育、保健、医学、运动学等原理与知识内容应在武术教学之初就传授给学生，并且在武术教学的过程中，贯彻渗透必要的体育、保健、医学、运动学等相关学科的常识，在课中作为知识点进行穿插讲解。

2. 武术教学的内容

武术教学内容是武术教学的主体，包括以下几方面的内容：

（1）武术的起源、发展、概念、构成、分类等基本知识。

（2）武术文化内涵。

（3）武德。

（4）武术基本功。

（5）武术基本技法、功法。

（6）各种武术套路。

（7）武术养生保健内容。

（8）武术对抗技巧、策略。

（二）拓展教学内容

武术教学旨在促进大学生的身心健康发展，同时兼有传承武术文化的重要教学任务。

我国武术文化源远流长，长期在民间流传发展，少数民族中也有很多具有民族特色的武术内容，因此，武术教学应在按教学大纲所规定的内容开展教学的基础上，结合本地区、本校的特点，纳入本地区的民族武术内容，这样不仅可以丰富武术教学的内容，对于大学生在武术学习中的学习积极性的提高也具有非常重要的促进作用，还有助于少数民族武术文化的传播、传承。

此外，除了开展常规的武术理论、技能学练，有条件的学校和老师还可以利用课外时间，带学生去了解当地流行的武术运动项目，组织学生去民间采风，深入了解当地的民族武术文化，使武术教学突显地域性、文化性、民族性。

三、优化策略

（一）教学内容应凸显教育价值

教学内容是教学活动开展的重要基础，教师和学生根据教学内容开展各种教学活动，它帮助师生分别完成教学任务与学习任务。

武术教学应坚持"育人"的教学目标，教学内容应具有教育性，具体表现在对学生的身心发展促进、良好体育习惯形成、体育素养培育、体育道德与精神培养等方面。

武术教学内容的选择和施教要想充分实现武术教学的价值，就必须注重所选教学内容的教育性，武术教师要从武术教材中选择最具有教育价值、最能促进学生的武术文化素养提高和武术价值观形成的教学内容，或以这些教学内容为基本教学资源对其进行加工、拓展。

武术教学内容的教育性要求如下：

（1）应符合武术课程教学目标。

（2）选用、加工应符合教育基本理念与观点，注重学生的正确价值观、道德观等教育。

（3）应有助于满足学生的当前学习要求与未来发展需求。

（4）应有助于大学生正确价值观、爱国情感的培养。

（二）优选科学性的教学内容

科学性是教学内容选用与优化的最基本要求。任何教学内容都必须符合当下的学校、学生实际，应符合教育规律，能被学生接受，能促进学生发展。

武术教学内容的优化要时刻关注所选、所呈现的教学内容是否科学合理，以免在教学上误人子弟。武术教学内容的科学性要求如下：

（1）选择正版的教材，这是确保教学内容科学性的重要基础。

（2）在武术教学大纲范围内选用教学内容。

（3）教学内容符合学生认知和素质发展要求。举例来说，教学内容选用与优化应符合学生的年龄特征，让小学生学习大学武术、让大学生学习运动员的专业武术技能都是不科学的选择与做法。

（4）应与学校教学的指导思想、教学实际相结合。

（5）科学地呈现教学内容。教材知识从书本知识转化为学生的认知、动作是教师进行武术教学的一个参考基础，有很多教学内容需要教师自己收集、整理，并结合教学目标进行教学设计，将教学内容以最佳形式呈现给学生。

（6）应考虑不同学生的学习需求，在促进学生武术知识丰富的基础上，满足不同学生的个性化发展需求。

（7）科学性不足的武术内容不应进入课堂。

（三）突出趣味性

兴趣是学习的内在推动力，在武术教学中，教学内容是否能引起大学生的学习兴趣将直接影响武术教学效果。

在武术教学中，武术教师优化教学内容应注重生动的立体化改造，让书本上的教学内容能以更加生动形象的形式呈现出来。在武术课堂教学实践中，对一些武术内容应注重趣味性改造，使整个武术教学更加有趣，教学氛围更加轻松欢快。

（四）筛选真实优质的教学内容

教师传授给学生的知识、技能应真实有效，应能真正促进学生的健康发展，并有助于大学生的良好价值观、文化观的建立。

武术教学内容的真实有效要求如下：

（1）不选择"难、繁、偏、旧"的教学内容。

（2）选择与呈现应充分考虑学生的武术学习兴趣，武侠影视中对武术夸大的内容，如飞檐走壁、隔空打牛等是对武术的艺术加工，在教学中应帮助学生正确认识武术。

（3）重视教学内容与学生日常生活和现代社会的联系。

（4）对多渠道（如网上检索）获得的武术教学资源，要确保其真实、客观。

（五）优中选优，取其精华，去其糟粕

在传统的武术教学中，有很多教学内容一直存在，这些教学内容经过了教学实践的检验，存在了很长一段时间，并被长期的教学实践证明，能切实促进高校大学生的身心健康发展，应予以保留。

针对传统武术课程教学内容，可从中选出更合适的知识、技能开展武术教学，不同的教师可结合自己的特点与特长选择教学内容，优化教学质量与效果。

武术教学应随着学校教学的发展而不断改革创新，随着社会的不断发展，武术教学内容必须结合社会和时代发展背景，注重更新换代、与时俱进，对传统武术教学内容中不符合时代特点、学校和学生实际的要进行合理改造，对某个具体的学校武术教学内容资源应进行合理取舍、改造、加工、处理，从中提取、改变、增加或舍弃一些要素，使之成为一个新的教学角度（如娱乐性、文化性）的武术教学内容。同时，摒除武术中的一些虚幻、带有封建色彩的武术思想与文化。

（六）以人为本，注重武术文化教育

武术教学不仅应促进大学生的生理健康发展，还应将促进学生心理、体育观、价值观的发展及意志品质等的提高纳入其中，而不只局限于武术套路、武术运动技能的学练。

在武术健身价值实现的同时，教师应重视对大学生的武术道德教育，重视"武德"教学内容的传授，培养大学生良好的道德品质。

在武术教学中，应充分认识到武术教育传承的重要作用，教师应重视武术文化内容的教学，通过这部分教学内容，加深大学生对武术文化的认识，从而更好地了解我国优秀的武术文化、传承武术文化、发展武术文化。

第二节 高校武术教学方法及优化

一、武术教学方法的类型

从教学活动参与主体的使用情况来看,武术教学方法可以分为教师的"教的方法"和学生的"学的方法"(学和练)。

(一)教法

教法的执行主体是体育教师,其可理解为教师的授课方法。

1. 知识技能教法

(1)基本知识的教法

基本知识的教法就是针对这些理论知识展开教学所使用的教学方法,主要涉及基础学练理论教学,主要针对学科基本知识展开教学,一般是抽象知识,具有一定的难度,不像体育运动技术那样直观,可以生动形象地展现。

(2)运动技能的教法

运动技能的教法是通过相应的教学方法来向学生呈现技术动作,帮助学生更好地理解运动技能的概念、构成、完成过程的教学方法。为帮助学生更好地学习武术动作,武术运动技能教法应生动、形象,并可以充分地展示武术运动技能的规律与特点。

2. 思想教育法

思想教育法是为展现武术道德、武术文化教学内容的教学方法。通过教学,促进学生的武术价值观念、武术精神、武术道德、武术意志品质、爱国意识等的发展与提高。

（二）学练法

1. 学法

学法，主体为学生，是指学生了解和掌握学科相关知识的方法，通过具体学法的选择与应用，促进学生对知识、技能的掌握。

2. 练法

练法，具体是指学生的运动训练方法，是实现武术教学目的的重要方法和途径，是指导学生进行体育锻炼的方法，是体育教学最具本质特征的方法。

本书所提到的武术教学方法是狭义的武术教学方法，专指教师在武术教学中所使用的"教的方法"，即教法。

二、武术教学常见教学方法

武术教学方法种类多样，这里重点介绍以下几种方法的操作程序及运用要求：

（一）语言教学法

语言教学法是教师通过语言表达组织教学活动、传授武术知识的教学方法。常用的语言教学法如下：

1. 讲解教学法

讲解教学法是武术教师通过语言讲解来开展教学的方法。讲解法使用要点如下：

（1）讲解要明确，突出重点、难点、特点。

（2）讲解要正确，对武术文化、动作术语、技能方法等进行准确描述。

（3）讲解要生动、形象，便于学生理解教学内容。

（4）讲解要通俗易懂、深入浅出，方便学生学以致用。

（5）注重教学内容讲解的时机和效果。

（6）重视讲解内容的前后关联性。

2. 口头评价法

口头评价法是武术教学非常重要的教学方法，可以在课堂上及时、快速地给予学生最直接的评价、提醒。口头评价有如下两种：

（1）积极评价：教师对学生鼓励、表扬，是肯定性评价。

（2）消极评价：教师对学生的批评。教师应就事论事，不能过分打击学生、更不能进行人身攻击。

3. 口令、指示法

口令、指示具有简短的高度概括性，能在学生进行武术动作练习时给予及时、准确的信息。口令和指示法应用要求如下：

（1）口令和指示发音清晰、声音洪亮。

（2）语言精练，言简意赅。

（3）尽量使用正面引导、积极性的词汇。

（4）注意提示时机。

（5）合理把握口令和指示的节奏。

（二）直观教学法

直观教学法是利用学生的感官，给予学生感官能接收到的信息，使学生通过综合各种感官信息来直观、生动、形象地了解和理解教学内容。

武术教学中的常见直观教学法有如下几种：

1. 动作示范法

动作示范法是武术教学中使用频率最高的教学方法。动作示范教学法的运用应注意以下几点：

（1）明确示范目的。

（2）确保示范动作正确、流畅，不能误导学生。

（3）示范位置合理，尽量让每一个学生都能全面、准确地观察教师的动作，教师可进行不同角度的示范，如正面、侧面、镜面示范等。

（4）示范应与讲解结合起来，通过示范、讲解加深学生对武术技术动作的理解与掌握。

2. 教具与模型演示法

采用图表、照片和模型等直观教具辅助教学，能让学生获得最直观的教学信息。教学中应注意以下几点：

（1）提前准备教具、模型。

（2）提前将演示的内容、材料、步骤设计好。

（3）教具、模型全方位展示，可让学生近距离体验。

（4）注意演示步骤。

（5）注意演示时间的分配。

（6）注意教具与模型的使用保护。

（7）注意演示观察与相关的结论信息相互印证。

（三）完整教学法

完整教学法指教师在武术教学中完整地、不间断地演示整个技术动作的过程，通常在武术教学实践课中运用。完整教学法在武术教学中的应用应注意以下几点：

（1）讲解要领后直接运用。教师在对体育运动技术动作的分解讲解后，示范整个技术动作，使学生能流畅地模仿完整的技术动作。

（2）强调动作练习重点。对较为复杂的动作，应明确讲解、示范重点。

（3）降低动作练习难度，以便学生完整地练习，在正确动作定型后逐渐增加难度，再进行标准难度的完整训练。

（4）难度技术动作的完整教学应建立在详细讲解的基础上。

（四）分解教学法

分解教学法是与完整教学法相对应的一种教学方法，主要用于对复杂武术技术的拆分，让学生逐个环节依次掌握武术教学内容。

分解教学应注意以下几点：

（1）科学分解武术技术动作，不能打破各环节之间的有效衔接。

（2）对分解后的技术动作依次教学，待学生熟悉后注意组织其学习环节前后的衔接结合练习。

（3）技术动作分解与完整综合运用相结合效果更佳。

（五）预防教学法

学习是一个循序渐进的过程，学生不可能一下子就能准确掌握知识要点、动作要领，在学习过程中难免会犯各种各样的错误，教师应对学生有充分的了解，预测学生可能会出现和普遍会出现的错误，提前采取预防错误的教学措施。

预防教学法应用要求如下：

（1）教师应在讲解过程中不断强化正确认知，避免学生产生错误认知。

（2）教师在备课时对学生可能会出现的错误做好预案。

（3）可结合口头评价、提示、指示等方式帮助学生及时预防错误。

（六）纠错教学法

纠错教学法是学生在武术教学中出现认知、动作错误后，教师及时予以纠正的教学法。纠错教学法应用要求如下：

（1）正确讲解技术动作，使学生明确产生错误的原因，及时改正。

（2）结合外力帮助学生明确正确技术动作的本体感觉。

（3）有针对性地结合错误的原因提出改正措施与方法。

（4）注意纠错语气、用词、方式方法的运用，不要打击学生学习的积极性。

（5）培养学生的思维能力，引导学生发现问题并解决问题。

（七）游戏教学法

游戏教学法指教师利用组织游戏的方法使学生完成预定教学任务的教学方法。游戏教学法的应用要点如下：

（1）教学游戏应与具体的武术教学内容相适应。

（2）选择学生感兴趣的游戏内容、方式。

（3）游戏开始前，注意游戏规则、目的的讲解。

（4）游戏过程中，强调学生的积极努力、同伴的协同配合。

（5）游戏过程中，教师应监督学生在游戏中的行为，避免学生破坏规则，如有发生应实施"惩罚"。

（6）游戏结束后，教师应进行客观、全面的评价。

（7）注意游戏安全。

（八）竞赛教学法

竞赛教学法是通过竞赛的形式来开展武术教学的方法，对学生的身体运动素质、竞技能力、心理素质、社会性关系处理等具有重要促进价值。

竞赛教学法的应用要求如下：

（1）明确竞赛目的。通过运动竞赛切实提高学生的运动技能水平。

（2）合理分组。

（3）客观评价学生的表现，并指出改进的方向和方法。

（4）注意竞赛安全。

三、高校武术新教学方法的应用

（一）多媒体教学法

多媒体教学方法是现代武术教学中被较多使用的方法。与传统的课堂板书教学不同，多媒体教学能令教学内容的展示更加生动形象，通过立体、动态教学信息和画面的展示可以提高学生的武术学习兴趣，激发学生的学习探索热情。

多媒体教学还能实现教学内容展示的"随机停顿"，教师能利用多媒体教学技术向学生分析动作的细节，通过动画和视频演示可以将每一个动作精确到秒，将教学内容制作成电影、幻灯、录像等，通过重放、慢放、定格等操作方法，学生能更深入、系统地学习知识、掌握技能。

（二）讲授演播教学法

讲授演播教学法是讲解与现代信息媒体演示教学方法的综合运用，可以使武术教学更加生动、形象。

讲授演播法对教师的语言表达能力和现代教学新媒体的操作使用能力都有较高的要求，同时，要求学生具有较高的学习自觉性和听讲的能力。讲授演播教学法的具体操作实施如下：

（1）明确观看录像的目的：使学生知道看什么、怎么看、为什么看，提高学生接收信息的准确程度。

（2）引入课题：用教学新媒体展示事物形象，抛出问题。

（3）转化概念：把形象事物转化成抽象概念。

（4）学生活动：教师提供新材料，引导学生思考、议论。

（5）教师总结：教师进行总结。

（6）概念应用：学生用已学知识解决问题。

（三）探究发现教学法

探究发现教学方法是探究教学方法和发现教学方法的有机结合，是一种教学方法的创新，该教学方法重在培养学生的自我学习和实践能力。

探究发现教学法的实施过程如下：

（1）教师借助现代教育媒体设置问题情境，提出问题。

（2）教师通过讲解，让学生了解武术的基本技能。

（3）教师向学生提供有关需要探究或发现的问题情境，向学生提供必需的学习材料，以进入问题情境。

（4）学生结合已学知识和经验自行发现问题，确定探究的方向。

（5）学生通过各种途径、形式自行搜集资料，进行筛选、归类、统计、分析，得出结论或答案，从而解决问题。

（6）教师对学生得出的结论或答案进行点评和总结。

对高校武术现有教学方法进行选择和优化完善，或创新教学方法，应注意以下几点：

（1）不同教学方法的特点、功能和应用范围不同，应根据实际情况，对多种教学方法进行比较分析、组合整理，从而实现教学功能最大化。

（2）教学方法的优化使用，应注意体育教学中"教"与"学"的统一。

（3）在武术教学中，无论教师选用何种教学方法，都应该更好地调动学生的积极性和自觉性。

（4）结合武术教学实际和学生实际改进与创新教学方法。

（5）教师在课前选择教学方法时，应充分考虑教学中可能会出现的教学效果、学生反应、问题等，在教学方法的选用中留有余地，结合教学实际对教学方法进行及时调整，灵活运用教学方法。

第三节 武术教学模式及优化

一、高校武术教学常见教学模式

（一）小群体教学模式

小群体教学模式是在教师的指导下，将学生进行分组，通过小组讨论了解教学知识的教学模式。小群体教学模式将学生作为教学的主体，重视学生的社会性发展，有助于提高学生的表达、协作、竞争、社会适应等能力。

小群体教学模式的适用条件如下：

（1）学生有团队意识和协作能力。

（2）教学条件好，器材设备充足。

（3）教师具备良好的教学能力，能合理分组、有效引导。

（二）快乐教学模式

快乐教学模式注重学生在教学中的快乐参与与体验，强调教学应调动学生的积极性与主动性。快乐教学模式从情感教学入手，强调勤学、乐学，强调教育的"以人为本"，强调让学生在快乐的氛围中接触、参与、学习武术。

快乐教学模式适用教学条件如下：

（1）教师教学实践经验丰富。

（2）教学内容难度较低，或武术技术无难度。

（3）学生有一定的武术运动基础。

（4）教学场地、器材充足。

快乐教学模式操作程序如下：

（1）结合武术教学内容的教学游戏、教学故事等进行课堂导入，调动学生的学习积极性。

（2）提出低要求的学习目标，使学生轻松地完成挑战。

（3）提出稍高难度的学习问题，让学生挑战解决问题。

（4）让学生结合教学活动，制定目标和创设教学活动与环境。

（5）小组评比，优化方案。

（三）成功教学模式

成功教学模式强调教学过程中学生的主体地位，强调在教学中重视学生"成功感"的获得，要求在教师合理引导下学生坚持不懈地完成学习任务，通过教学，使学生克服一定的学习困难，并通过自己的努力完成学习目标，从而产生学习成就感，为之后的持续学习建立学习自信。

成功教学模式适用教学条件如下：

（1）教学形式可以采用分组教学形式。

（2）教学条件好，有充分的体育教学资源支持。

（3）体育教师教学组织、管理能力好。

（四）自主教学模式

自主教学模式是以"学生是教学的主体"为教学指导的教学模式，了解学生的不同学习能力和水平，强调教师应通过良好武术教学环境的创设，提高学生的学习积极性与主动性，让学生从"要我学"变成"我要学"。自主教学模式能消除学生的依赖性，促进学生各种综合能力的全面提升。

自主教学模式适用教学条件如下：

（1）学生有一定的体育理论知识基础。

（2）学生有一定的思考能力，有探索意识。

（3）教师有适宜的教学方法。

（五）探索教学模式

探索教学模式强调学生在学习过程中的发现、思考、领会，强调教学过程对学生学习能力的提高。

探索教学模式适用的教学条件如下：

（1）教学以学生为中心。

（2）重视调动学生的学习主动性。

（3）整个教学过程应先尝试，后学习。

（4）重视学生在武术学习中的整体学习与把握。

（5）让学生在实践中（活动中或比赛中）发现问题，激发学生对问题的分析、探索、思考。

（6）教学应强调情景设置，重视引导学生发现、探索、创新，提高学生的自主学习能力。

武术教学中探索教学模式的操作程序如下：

（1）根据武术教学内容、教学目标创设教学情境。

（2）教师结合教学情境提出问题。

（3）教师引导学生在教学情境中进行尝试性分析、讨论，找出问题答案。

（4）教师引导学生进行问题答案的分析、验证。

（5）教师进行评价，开展正常的武术教学，揭示问题答案。

（六）多媒体教学模式

多媒体教学辅助技术是随着多媒体教学技术的发展而发展起来的，是在教学实践中对多媒体教学技术进行应用的。多媒体应用于武术教学是武术教学发展的现代化表现。

武术多媒体教学的开展，教师应注意以下几点：

（1）建立完整的多媒体教学系统，通过武术、图片、影像等的引入提前做好多媒体技术准备、教学资料准备。

（2）避免单纯为了追求教学的"新"而采用多媒体教学。多媒体教学应与教学需要相适应。

二、武术教学模式的优化途径与策略

（一）结合学生选择最佳教学模式

武术教学的对象——学生是教学活动的主体。教师了解学生、分析学生是教师科学选用武术教学模式的重要基础。

在武术教学中，无论教师选择哪种教学模式，都应该在充分考虑学生的具体情况下进行选择。

在素质教育背景下，武术教学模式的优选应用应重视对学生的人格教育、品德教育、情感教育与知识教育；重视对学生独立性、情感性和独创性的培养；重视学生武术自学、自练意识和能力的培养与提高。

（二）借鉴与创新有机结合

要不断优化武术教学，武术教师就必须重视加强自我的教学理论学习，加强武术教学模式最新研究和动态发展的学习，积极借鉴先进的教学模式理论与成功教学经验，结合本校、学生特点与需求，优化、改革教学模式。

新时期的体育教学模式更加关注课内体育教学与课外体育教学的有机结合。"课内外一体化"是教学模式的一种新尝试。

（三）先进教学技术的引入

随着学校教育教学的不断改革发展，越来越多的先进教学技术和手段（如多媒体教学）被引入学校教学实践，并收获了不错的教学效果，极大地提高了教师的授课效率，也被新时期的学生群体所喜爱，使学生的学习积极性显著提高。

现代教学模式的发展创新也更多地与现代教学技术手段相融合，因此应将更多、更先进的体育教学技术手段纳入体育教学模式的教学实践。

（四）及时评价反思，促进优化

在武术教学中，教师应在日常教学中不断总结教学经验，结合教学效果及时评价教学模式的使用情况，并反思教学中出现的一些问题，总结经验，以便在下一次的教学模式的使用中能有所改进。

教师科学地评价武术教学模式、不断完善教学模式应重点关注以下几方面内容：

（1）以武术教学目标为基础评价武术教学模式。

（2）武术教学模式应适于教学实际。

（3）重视评价反馈信息的全面性、真实性。

（4）重视评价标准的多元化。

（5）及时总结经验，重视与其他教师的交流，解决当前问题，不断完善教学模式。

第三章 武术套路技术教学

第一节 长拳的基本技术动作

基本动作是指各种类型的、简单的、不可缺少的典型动作，是学习复杂动作和发展难新动作的基础。长拳的基本动作主要包括手型、手法、步型、步法、腿法、平衡和跳跃动作。

一、手型

手型主要有拳、掌、勾三种。

（一）拳

四指并拢卷握，拇指紧扣于食指和中指第二指节上。要求拳握紧、拳面平、直腕。

（二）掌

四指并拢伸直，拇指弯曲，紧扣于虎口处。

（三）勾

五指第一指节捏拢在一起，屈腕。

二、手法

手法是运用拳、掌、勾等手型，结合上肢冲、架、推、劈等运动方法所表现出的技法。基本动作有冲拳、劈拳、撩拳、贯拳、砸拳、抄拳、栽拳、盖拳、架拳、推掌、劈掌、砍掌、挑掌、穿掌、插掌、撩掌、按掌、亮掌、花手、搂手、舞花手、顶肘、盘肘、外格肘。

（一）冲拳

［动作含义］冲拳攻击对方头、胸等部位。属进攻性拳法。分平拳与立拳两种。平拳拳心向下，立拳拳眼向上。

［预备姿势］开步站立，两脚之间的距离同肩宽，两拳拳心向上，抱于腰间，肘尖向后，挺胸，收腹，立腰，沉肩。

［动作说明］转腰顺肩，将右拳从腰间向前猛力冲出，与肩平，臂要伸直，力达拳面。当肘关节过腰时，前臂要内旋加速，同时左肘向后牵拉。眼向前平视。练习时可左右交替进行。

［要求与要点］

（1）必须以腰的转动来带动两臂的运动。

（2）肩关节要松活，切忌僵滞耸起。

（3）冲拳要直线运行，即从起点到终点要两点一线，不可走曲线、弧线。

（4）出拳要快速有力，有寸劲。

［练习步骤］

（1）先慢做，不要用全力，待准确掌握动作后，再快速用力。

（2）掌握冲拳动作后，应结合各种步型、步法和腿法等做冲拳练习。

［易犯错误］

（1）冲拳时，两臂动作不协调。

［纠正方法］强调以腰的转动来带动两臂的运动，反复练习，熟能生巧。

（2）冲拳路线不直，呈曲线或弧线，或肘外凸。

［纠正方法］强调两点一线，冲拳时肘必须贴肋运行。

（3）冲拳过高或偏低。

［纠正方法］可在练习者前面设一与肩同高的目标（如手掌），让他向目标冲击。

（4）冲拳无力。

［纠正方法］如由于动作不熟练所致，就要反复练习，功到自然成。如由于存在某种问题而造成，那就要找到原因，对症下药地克服问题。例如，肩关节僵滞、动作不协调等，都会造成冲拳无力。

（二）劈拳

［动作含义］抡拳劈击对方头、臂等部位。属进攻性拳法。分前劈、侧劈和抡劈。

［预备姿势］两脚并步站立，两手握拳，抱于腰间。

［动作说明］左拳由腰间向右经脸前向上摆起，接着左拳由上向左侧快速下劈，力达拳轮，臂伸直，拳眼向上（为抡劈拳），眼视左拳，然后屈臂收拳于腰间，还原。拳自上向左（右）侧劈，为侧劈。拳自上向前劈，为前劈。

［要求与要点］以肩带臂，直臂下劈，力达拳轮。

［练习步骤］

（1）两脚开步站立做单臂慢劈拳练习，不要用全力。注意体会以肩带臂等动作要点。

（2）在掌握动作方法、路线及要点的基础上，做单臂快劈拳练习，体会爆发用力。

（3）两脚开步站立，做双手交替左右劈拳练习，注意速度要由慢到快，有节奏感。

（4）经上面三个步骤练习后，可结合各种步型、步法做劈拳练习。

［易犯错误］屈腕，耸肩。

［纠正方法］练习时，臂、腕要保持适度的紧张，注意松肩。

（三）撩拳

［动作含义］以拳眼或拳背向前撩击对方裆部或其他部位。属进攻性拳法。有正撩和反撩之分。

［预备姿势］两脚并步站立，两臂自然下垂于两腿外侧，眼平视前方。

［动作说明］左脚向左侧迈步，屈膝，右腿伸直，成左弓步；右手握拳直臂向前撩击，高不过肩，力达拳眼，拳眼向上，左臂屈肘，左掌附于右臂；眼视右拳。此为正撩。反撩为力达拳轮或拳背、拳心。

［要求与要点］以肩为轴，直臂向前撩击，速度要快，力达拳眼。

［练习步骤］参照"劈拳"练习方法进行练习。

［易犯错误］撩击时，易以前臂上撩。

［纠正方法］练习时，臂部要保持适度紧张，并注意将臂伸直后再做撩击动作。

（四）贯拳

［动作含义］以拳攻击对方太阳穴或后脑。属进攻性拳法。

［预备姿势］两脚并步站立，两手握拳，抱于腰部两侧，眼平视前方。

［动作说明］左脚向前上步，屈膝，右腿伸直，成左弓步；右拳从腰间向右、向前上方弧形横击，力达拳面，臂、腕微屈，拳眼斜向下，眼视右拳。

［要求与要点］以腰带臂向前上方横击。

［练习步骤］参照"劈拳"练习方法进行。

［易犯错误］肘关节太直。

［纠正方法］练习时，应有意识地保持肘关节微屈状态。

（五）砸拳

［动作含义］以拳背由上向下砸击对方某一部位。属攻击性拳法。

［预备姿势］两脚并步站立，两臂自然下垂于两腿外侧，眼平视前方。

［动作说明］右手握拳，向上举起，左手成掌置于腹前，掌心向上，随之右臂屈肘向下，以拳面为力点砸落于左掌心上，拳心向上，力达拳面，同时两腿屈膝下蹲。

［要求与要点］挺胸，立腰，落臀。

［练习步骤］

（1）开步站立做单手空砸拳练习，体会动作路线及要点。

（2）开步站立做右拳下砸与左掌心迎击右拳练习。

（3）经上面两个步骤练习后，可结合步型、步法进行左右交替练习，如"震脚砸拳"。

［易犯错误］凸臀。

［纠正方法］练习时，有意识地收臀。

（六）抄拳

［动作含义］以拳面攻击对方下颏、胸、腹等部位。属进攻性拳法。

［预备姿势］两脚并步站定，两手握拳，抱于腰间，眼平视前方。

［动作说明］左脚向左侧迈步，屈膝，同时身体左转，右腿伸直，成左弓步，右拳下落，后随转身向前上方抄打，高不过头，力达拳面，拳背向前，眼视右拳。

［要求与要点］抄打时，腰向左拧转，力达拳面。

［练习步骤］参照"劈拳"练习方法进行。

［易犯错误］抄拳过高，易与"撩拳"混淆。

［纠正方法］练习时，肩、臂、手均保持适度的紧张，注意分清与"撩拳"的不同。

（七）栽拳

［动作含义］以拳面向下攻击对方。属攻击性拳法。

［预备姿势］两脚并步站立，两手垂于体侧，眼平视前方。

［动作说明］左脚向左一步，屈膝，同时身体左转，右腿伸直，成左弓步。手握拳，屈肘上提至耳侧，随即迅速向前下方击打，力达拳面，拳背向前，左掌附于右臂前侧。

［要求与要点］击打时，要顺肩并配合向下沉气。

［练习步骤］参照"劈拳"练习方法进行。

［易犯错误］肩紧，低头。

［纠正方法］多做肩臂绕环、顺肩等放松练习；做栽拳练习时，应注意保持头颈正直。

（八）盖拳

［动作含义］以拳背盖打对方脸、头等部位。属进攻性拳法。

［预备姿势］两脚并步站立，两臂自然下垂，眼平视前方。

［动作说明］左脚向前上步，同时左手向上举起，右手握拳，屈臂提至体前；接着，右拳以肘关节为轴从胸前向上、向前盖击，力达拳背，拳心向上，左掌向下收于右肘下，掌心向下，眼视右拳。

［要求与要点］盖击要迅速，力点要准确。

［练习步骤］参照"劈拳"练习方法进行。

［易犯错误］力点不清。

［纠正方法］练习时，注意分清与其他拳法的力点区别及用法的不同之处。

（九）架拳

［预备姿势］与冲拳同。

［动作说明］右拳向下、向左、向上经头前向右上方画弧、架起，拳眼向下，眼看左方。练习时，可左右交替进行。

［要求与要点］松肩，肘微屈，前臂内旋。

［练习步骤］先慢做，不要用全力，着重体会动作路线，然后逐步加力。

（十）推掌

［预备姿势］与冲拳同。

［动作说明］右拳变掌，前臂内旋，并以掌根为力点向前猛力推击。推击时要转腰、顺肩，臂要伸直，高与肩平，同时左肘向后牵拉。练习时，可左右交替进行。

［要求与要点］挺胸，收腹，直腰。出掌要快速有力，有寸劲，还要做好拧腰、顺肩、沉腕、翘掌等动作。

练习步骤、易犯错误和纠正方法均与冲拳同。

（十一）劈掌

［动作含义］以掌沿劈击对方身体的某一部位。属进攻性掌法。

［动作与练法］与"劈拳"相同，唯以掌沿劈击。可参照"劈拳"进行练习。

（十二）砍掌

［动作含义］以掌沿横击对方身体的某一部位。属进攻性掌法。分俯掌砍击、仰掌砍击。

［预备姿势］两脚开步站立，两拳抱于腰间，拳心向上，眼视前方。

［动作说明］两脚不动；右拳变掌，屈肘向上抬起至胸前，掌心向下，然后向右侧横砍，力达掌外沿，手心向下（手心向下是俯掌砍击）；眼视右掌。

［要求与要点］掌、腕要伸直。

［练习步骤］参照"劈拳"练习方法进行。

［易犯错误］腕关节和手指不直，力点不清。

［纠正方法］练习时，手腕保持适度紧张，同时注意区分与其他掌法的不同用力部位。

（十三）挑掌

［动作含义］以掌背格开对方的来拳或器械。属防守性掌法。

[预备姿势]两脚开步站立，与肩同宽，两手握拳，抱于腰间，拳心向上；眼视前方。

[动作说明]两脚不动，左拳变掌向下、向前直臂撩出（掌心向右），随之左掌腕部下沉，四指上翘，与肩同高，臂微屈，成挑掌，掌心向右前。

[要求与要点]向下沉腕时，要脆快、有力，力达四指。

[练习步骤]参照"劈拳"练习方法进行。

[易犯错误]掌立不起来。

[纠正方法]多做压腕练习，提高腕部柔韧性。

（十四）穿掌

[动作含义]以指尖穿击对方胸，喉等部位。属进攻性掌法。

[预备姿势]两脚开步站立，与肩同宽；两手握拳，抱于腰间，拳心向上；眼视前方。

[动作说明]左拳变掌由腰侧向左、向前画弧，掌心向上，眼视左掌，接着右拳变掌，掌心向上，臂由屈到伸，经左掌上向前上穿出，左掌收于右腋下，眼视右掌。

[要求与要点]穿掌时，要挺胸、立腰、顺肩，力达指尖。

[练习步骤]参照"劈拳"练习方法进行。

（十五）插掌

[动作含义]以指尖插击对方。属进攻性掌法。

[预备姿势]两脚并步站立，两臂下垂于体侧，眼平视前方。

[动作说明]左脚向前上步，右腿屈膝提起，同时右臂屈肘上提，右掌置

于右耳侧，左掌摆于身前；接着右脚落地，两腿屈膝并拢。同时右掌以指尖为力点向下插击，左掌收于右胸前，眼视右掌。

［要求与要点］插击时，四指、腕部要伸直，力达指尖。

［练习步骤］参照"劈拳"练习方法进行。

［易犯错误］腕部和四指不直。

［纠正方法］练习时，注意腕部和手指保持适度紧张，使之成挺直状态。

（十六）撩掌

［动作含义］以掌心或掌根撩击对方裆部。属攻击性掌法。

动作与"撩拳"相同，唯以掌心向前直臂撩击。

要求与要点、练习步骤、易犯错误和纠正方法均参照"撩拳"。

（十七）按掌

［动作含义］以掌心下按对方攻来之肢体。属防守性掌法。

［预备姿势］两脚并步站立，两臂自然下垂，眼视前方。

［动作说明］两臂从两侧画弧上举，眼视右掌；接着，两臂屈肘经胸前向下按掌，力达掌心，掌指相对，掌心向下，头向左转，眼视左方。

［要求与要点］沉肩、按掌与转头要协调一致，保持两臂微屈。

［练习步骤］参照"劈拳"练习方法进行。

［易犯错误］两臂伸得太直，按掌与转头不一致。

［纠正方法］按照正确动作，慢速练习。在慢动作正确的基础上，配合转头练习，先要求慢动作协调一致，然后做快速的配合。注意头的转动要正直。

（十八）亮掌

[预备姿势]与冲拳同。

[动作说明]右拳变掌，经体侧向右、向上画弧，至头部右前上方时，抖腕亮掌，臂成弧形。掌心向前，虎口朝下，眼随右手动作转动，亮掌时，注视左方。练习时，左右手交替进行。

[要求与要点]抖腕、亮掌与转头要同时完成。

[练习步骤]

（1）开始练习时，可用信号或语言提示，使抖腕、亮掌与转头配合一致。

（2）结合手法与步形进行练习（如"仆步亮掌"等）。

[易犯错误]

（1）抖腕动作不明显，造成以臂部动作为主。

[纠正方法]单做抖腕练习，并经常做转腕练习，借以提高腕部的灵活性。

（2）抖腕、亮掌与转头不一致。

[纠正方法]亮掌时，用信号（如击掌）或语言提示，使其配合一致。

（十九）搂手

[动作含义]以掌抓搂对方攻来之手。属防守性手法。

[预备姿势]两脚左右分开站立，与肩同宽，两手握拳，抱于腰间，眼视前方。

[动作说明]右拳变掌，拇指分开，掌心向前下，并向左、向前、向右画弧抓搂，随即收回腰间。

[要求与要点]以腰带臂，拇指分开，眼随手转。

［练习步骤］

（1）两脚开步站立，按正确动作慢速练习，体会动作运行路线及要点。

（2）掌握要领后可加快速度并进行双手交替练习。

（3）经上面两个步骤练习后，可结合步型、步法进行变化练习，如"搂手弓步冲拳"等。

［易犯错误］耸肩，抬肘。

［纠正方法］练习时，注意松肩坠肘。

（二十）舞花手

［动作含义］对方以右拳向我胸部击来，我即双手交叉于胸前接住对方的右前臂，随即两手翻转，将对方擒住。

［预备姿势］两脚开步站立，两臂自然垂于体侧，眼视前方。

［动作说明］两臂一起向左右两侧举起，手心向下；接着，两臂一起向前平摆，于胸前交叉，右臂在上，左臂在下，两掌心向下。动作不停，右手翻掌向后、向右画弧，左手也翻掌向前、向左画弧，两掌心向上；接着，右手继续向右、向前、向左画弧翻掌，掌心向上，左手也继续向左、向后、向右画弧翻掌，掌心向下，两掌交叉至胸前，左掌在上，右掌在下。

［要求与要点］两掌翻转画弧要以腕为轴，两手腕不得分开，在空中划一平圆。

［练习步骤］

（1）做压腕、转腕练习，提高腕部的灵活性。

（2）两脚开步站立，进行慢做舞花手练习，体会动作运行路线和要点。

（3）在掌握要点后逐渐加快速度和增加力量。

（4）经上面三个步骤练习后，可结合步法等进行练习。

［易犯错误］翻转时两手分开。

［纠正方法］两手腕要紧贴在一起，以腕为轴画弧翻掌。同时，加强腕部的灵活性练习。

（二十一）顶肘

［动作含义］以肘尖顶击对方的胸腹部位。属攻击性肘法。

［预备姿势］两脚左右开步站立，两手握拳，抱于腰间，眼平视前方。

［动作说明］右拳随前臂内旋，提至左胸前，拳心向下，左拳变掌，扶于右拳顶端；接着，右臂以肘尖为力点，向右侧顶击，左掌向右推助，头向右转，眼视右方。

［要求与要点］挺胸，立腰，发劲应短促有力。

［练习步骤］参照"劈拳"练习方法进行。

［易犯错误］抬肘，耸肩。

［纠正方法］练习时，注意屈臂抬平，松肩并下沉。

（二十二）盘肘

［动作含义］以前臂和上臂夹击对方颈部。属攻击性肘法。

［预备姿势］两脚左右开步站立，两手握拳，抱于腰间，眼平视前方。

［动作说明］右臂向右侧抬起，成平举，拳心向下，头向右转，眼视右拳；接着，右臂快速屈肘内夹。

［要求与要点］挺胸，立腰，力达前臂。

［练习步骤］参照"劈拳"练习方法进行。

［易犯错误］耸肩。

［纠正方法］练习时，注意肩部放松并下沉。

（二十三）里格肘

［动作含义］以前臂向内格挡对方的进攻。属防守性肘法。

［预备姿势］两脚左右开步站立，两手握拳，抱于腰间，眼平视前方。

［动作说明］右臂屈肘侧举，上臂与肩同高，拳面向上，眼视右拳。动作不停，右前臂外旋，向身体内侧横拨格挡，力达前臂内侧。

［要求与要点］挺胸，立腰，发劲短促有力。

［练习步骤］参照"劈拳"练习方法进行。

［易犯错误］练习时，易犯不旋臂的错误做成横摆臂。

［纠正方法］有意识地加强前臂内旋与外旋练习。

（二十四）外格肘

与"里格肘"相同，唯右前臂内旋，向身体外侧横拨格挡。

要求与要点、练习步骤、易犯错误和纠正方法都参考"里格肘"。

三、步型

步型和步法练习主要是增进腿部的速度和力量，以提高两腿移动转换的灵活性和稳固性。主要的步型有弓步、马步、虚步、仆步、歇步、坐盘、丁步。

（一）弓步

［预备姿势］并步站立，两拳抱于腰间，眼平视前方。

［动作说明］左脚向前一大步（约为本人脚长的四五倍），脚尖微内扣，左腿屈膝半蹲（大腿接近水平），膝与脚尖垂直。右腿挺膝伸直，脚尖内扣（斜向前方），两脚全脚着地。上体正对前方，眼向前平视，两手抱拳于腰间。弓右腿为右弓步，弓左腿为左弓步。

［要求与要点］前腿弓，后腿绷；挺胸，塌腰，沉髋，前脚同后脚成一直线。

［练习步骤］

（1）逐步延长练习时间。左右弓步可交替练习。

（2）原地保持弓步姿势不动，加做左右冲拳或推掌练习。左右弓步可交替练习。

（3）行进间练习。左弓步冲右拳再上步接做右弓步冲左拳，连续进行练习。

［易犯错误］

（1）后脚拔跟、掀掌。

［纠正方法］提高膝和踝关节的柔韧性，并强调脚跟蹬地。

（2）后腿屈膝。

［纠正方法］强调后腿挺膝和用力后蹬。

（3）弯腰和上体前俯。

［纠正方法］强调头部上顶，并注意沉髋。

（二）马步

［预备姿势］并步站立，两拳抱于腰间，眼平视前方。

［动作说明］两脚平行开立（约为本人脚长的三倍），脚尖正对前方，屈

膝半蹲，膝部不超过脚尖，大腿接近水平，全脚着地，身体重心落于两脚之间，两拳抱于腰间。

［要求与要点］挺胸，塌腰，脚跟外蹬。

［练习步骤］

（1）逐步延长练习时间。

（2）原地做马步蹲起练习，即蹲马步和站立交替进行；还可做马步左右冲拳或推掌练习。

（3）行进间练习，连续上步做马步架打练习。

［易犯错误］

（1）脚尖外撇。

［纠正方法］经常站立做里扣脚尖练习，或做马步练习，强调脚跟外蹬。

（2）两脚距离过大或过小。

［纠正方法］量出三脚距离后再下蹲做马步。

（3）弯腰跪膝。

［纠正方法］强调挺膝、塌腰之后再下蹲，膝不得超过脚尖的垂直线，或手扶一定高度的物体做动作。

（三）虚步

［预备姿势］并步站立，两拳抱于腰间，眼平视前方。

［动作说明］两脚前后开立，右脚外展45度，屈膝半蹲，左脚脚跟离地，脚面绷平，脚稍内扣，虚点地面，膝微屈，重心落于后腿上。两手叉腰。眼向前平视。左脚在前为左虚步，右脚在前为右虚步。

［要求与要点］挺胸，塌腰，虚实分明。

［练习步骤］

（1）可先手扶一定高度的物体进行练习，或先把姿势放高一些，然后逐步按照规定的标准来做出正确的动作。

（2）逐渐延长练习时间。

（3）可结合手型、手法练习，如做"左虚步勾手挑掌"跳转"右虚步勾手挑掌练习，可左右跳换做。

［易犯错误］

（1）虚实不清。

［纠正方法］前脚先不着地，等支撑腿下蹲后再以脚尖虚点地面成虚步。

（2）后腿蹲不下去。

［纠正方法］可做单腿屈蹲或双腿负重屈蹲等练习，以发展下肢力量。

（四）仆步

［预备姿势］并步站立，两拳抱于腰间，眼平视前方。

［动作说明］两脚左右开立，右腿屈膝全蹲，大腿和小腿靠紧，臀部接近小腿，右脚全脚着地，脚尖和膝关节外展。左腿挺直平仆，脚尖里扣，全脚着地。两手抱拳于腰间。眼向左前方平视。仆左腿为左仆步；仆右腿为右仆步。

［要求与要点］挺胸，塌腰，沉髋。

［练习步骤］

（1）参考虚步练习步骤的第1、2。

（2）结合手型、手法，如做"仆步勾手亮掌"。

（3）行进间连续做"仆步穿掌"。

［易犯错误］

（1）平仆腿不直，脚外侧掀起，脚尖上翘外展。

［纠正方法］使平仆腿的脚外侧抵住固定物体（如墙壁），不让脚外侧掀起。

（2）全蹲腿没蹲到底，脚跟提起。

［纠正方法］多做仆步压脚练习，同时强调平仆腿一侧用力沉髋、拧腰。

（3）上体前倾。

［纠正方法］挺胸，塌腰后再下蹲成仆步。

（五）歇步

［预备姿势］并步站立，两拳抱于腰间，眼平视前方。

［动作说明］两腿交叉靠拢全蹲，左脚全脚着地，脚尖外展，右脚前脚掌着地，膝部贴近左腿外侧，臀部坐于右腿接近脚跟处。两手抱拳于腰间。眼向左前方平视。左脚在前为左歇步；右脚在前为右歇步。

［要求与要点］挺胸，塌腰，两腿靠拢并贴紧。

［练习步骤］

（1）参考虚步练习步骤的第1、2。

（2）交替做左右歇步，并增加手法，如左右穿手亮掌。

［易犯错误］

（1）动作不稳健。

［纠正方法］前脚脚尖充分外展，两腿贴紧。

（2）两腿贴不紧。

［纠正方法］强调后腿贴紧前腿外侧，并加强膝与踝关节柔韧性的练习。

（六）坐盘

［预备姿势］并步站立，两拳抱于腰间，眼平视前方。

［动作说明］两腿交叉，右腿屈膝，大小腿均着地，脚跟接近臀部，左腿在身前横跨于右腿上方。左大腿贴近胸部。两手抱拳于腰间。眼向左前方平视。左腿在前为左坐盘，右腿在前为右坐盘。

要求与要点、练习步骤、易犯错误和纠正方法均与歇步同。

（七）丁步

［预备姿势］并步站立，两拳抱于腰间，眼平视前方。

［动作说明］并步站立，两腿屈膝半蹲，右脚全脚着地，左脚脚跟掀起，脚尖内扣，并虚点地面，脚面绷直，贴于右脚脚弓处，重心落于右腿上。两手叉腰，眼向前平视。左脚尖点地为左丁步，右脚尖点地为右丁步。

要求与要点、练习步骤、易犯错误和纠正方法均与虚步同。

四、步法

步法练习主要是增进腿部的力量和速度，以提高两腿移动转换的灵活性。主要步法有击步、垫步、弧形步。

（一）击步

［预备姿势］两脚前后开立，与肩同宽，两手叉腰。

［动作说明］上体前倾，后脚离地提起，前脚随即蹬地。在空中时，后脚向前碰击前脚。落地时，后脚先落，前脚后落。眼向前平视。

［要求与要点］在空中时，要保持上体正直并侧对前方。

［练习步骤］可结合"挑掌"等手法进行练习。

（二）垫步

［预备姿势］与击步同。

［动作说明］后脚离地提起，脚掌向前脚处落步，前脚立即以脚掌蹬地，向前跳起，将位置让于后脚，然后屈膝提腿，向前落步。眼向前平视。

要求与要点、练习步骤均与击步同。

（三）弧形步

［预备姿势］与击步同。

［动作说明］两腿略屈，两脚迅速连续向侧前方行步。每步大小略比肩宽，走弧形路线。双眼向前平视。

［要求与要点］挺胸，塌腰，保持半蹲姿势，身体重心要平稳，不要有起伏。落地时，从脚跟迅速过渡到全脚掌，并注意转腰。

［练习步骤］可结合"勾手推掌"进行。路线也可改为"S"形。

五、腿法

腿法主要有直摆性、击响性、屈伸性和扫转性腿法四类。

直摆性腿法主要有正踢、斜踢、侧踢、外摆、里合、后撩。（参照基本功的踢腿）

击响性腿法主要有单拍脚、摆莲拍脚、里合拍脚。（参照基本功的踢腿）

屈伸性腿法主要有弹腿、蹬腿、侧踹腿。

扫转性腿法主要有前扫腿、后扫腿。

下面简要介绍屈伸腿和扫转腿的主要腿法。

（一）弹腿

［预备姿势］两腿并立，两手叉腰。

［动作说明］右腿屈膝提起，大腿与腰平，右脚绷直。在提膝接近水平时，迅速猛力挺膝，向前平踢（弹击），力达脚背。大腿与小腿成一直线，高与腰平，左腿伸直或微屈支撑。两眼平视前方。

［要求与要点］挺胸，直腰，脚面绷直，收髋。弹击要有寸劲（爆发力）。

［练习步骤］

（1）可先弹低腿，即弹击对方小腿胫骨部位，然后增加高度。

（2）结合手法练习，如弹腿冲拳、推掌等，可左右交替练习。

（3）做行进间的弹腿冲拳或弹腿推掌动作。

［易犯错误］

（1）屈伸不明显，类似踢摆动作。

［纠正方法］强调收腹，屈膝后再弹出。

（2）力点不明显。

［纠正方法］强调猛挺膝，绷紧脚尖。

（二）蹬腿

［预备姿势］与弹腿同。

［动作说明］与弹腿同，唯脚尖勾起，力点达于脚跟。

要求与要点、练习步骤、易犯错误和纠正方法均与弹腿同，唯强调勾脚尖。

（三）侧踹腿

［预备姿势］两脚并立，两手叉腰。

［动作说明］两腿左右交叉，右腿在前，稍屈膝。随即右腿伸直支撑，左腿屈膝提起，左脚内扣，脚掌用力向左侧上方踹出，高与肩平，上体向右侧倒，眼视左侧方。练习时，可左右交替进行。

［要求与要点］挺膝，猛踹，脚外侧朝上，力达脚底。

［练习步骤］

（1）先做侧压腿、侧摆腿等练习，然后做侧踹腿练习，也可先踹低腿。

（2）手扶一定高度的物体（如树）做侧踹腿练习，以体会上体侧倒动作的要领。

（3）行进间左右交替做侧踹腿动作。

［易犯错误］

（1）脚尖朝上，成侧蹬腿。

［纠正方法］强调侧踹腿内旋后再踹出。

（2）高度不够或收髋。

［纠正方法］多做仆步压腿、侧压腿和横叉等练习；还可用手扶一定高度的物体来练习上体倾倒，借以使腿踢得更高。

（四）前扫腿

［预备姿势］两脚并立，两臂垂于体侧。

［动作说明］左脚向右腿后插步，同时两手由下向左、向上、向右弧形摆掌，右臂伸直，与肩平，成侧立掌；左掌附于右上臂内侧，掌指向上。头向右

转，目视右方。上体向左后转180度，左臂随体转向左后方平搂至体左侧，稍高于肩；右臂随体转自然平移至体右侧，掌心朝前，掌指朝右下方。上体继续左转，左脚尖外撇。右掌从后向上、向前屈肘降落；同时左臂屈肘，掌指朝上，从右臂内侧向上穿出，变横掌架于头部左上方，拇指一侧向下。随即右掌下降并摆向身后变勾手，勾尖朝上。在左脚尖外撇的同时，左腿屈膝，左脚跟抬起，左脚前掌碾地，右腿平铺，脚尖内扣，脚掌着地，直腿向前扫转一周。

［要求和要点］头部上顶，眼睛随体转平视前方，上体正直。在扫转时，身体始终保持右仆步姿势，保持身体重心平衡，右膝不要弯曲。

［练习步骤］

（1）可先做站立扫转动作（上肢动作按动作说明进行），左膝稍屈，右脚掌贴地旋转一周，以体会旋转时保持身体平衡的动作要领。

（2）初步掌握旋转要领后，再做仆步前扫的动作；可先用双手扶地增加支撑，以维持身体平衡；待仆腿扫转的要领掌握后，再过渡到不扶地的扫腿练习。

［易犯错误］

（1）左腿屈膝角度不够，扫腿时重心太高。

［纠正方法］在扫转起动的同时，强调左腿迅速全蹲。

（2）身体重心不稳，左右倾倒。

［纠正方法］头部上顶，眼睛向前平视，上体正直，左掌尽量上撑，以提高旋转时身体的稳定性。

（3）扫转时，拧腰与扫腿配合得不协调或用力不当，造成上体前后倾倒和扫转动作中断。如拧腰速度过慢或上体前倾、凹胸，往往会使右腿在扫转过程中与左腿之间形成的角度太小（夹髋），造成身体后倒、动作中断；如拧腰过早或速度过快，使右腿拖在身后，与左腿之间形成的角度太大（敞髋），也会造成身体前倾、旋转中断。

［纠正方法］上体要正直，在旋转起动时以拧腰带动扫腿；左大腿后侧要贴近左脚跟，两腿间形成的右仆步姿势的角度始终不变。

（4）扫转腿的脚型不正确，使动作不能充分发挥惯性作用，速度慢，扫转不够一周。

［纠正方法］仆步后强调右脚尖内扣，腿向左拧腰，转头与扫转动作要衔接连贯、协调。

（五）后扫腿

［预备姿势］两腿并立，两臂垂于体侧。

［动作说明］左脚向前开步，左腿屈膝半蹲，右腿挺膝伸直，成左弓步；同时两掌从腰侧向前平直推出，掌指朝上；眼看两掌尖。左脚尖内扣，左腿屈膝全蹲，成右仆步，同时上体右转并前俯。两掌随体右转在右腿内侧撑地，右手在前。随着两手撑地、上体向右后拧转的惯性力量，以左脚前掌为轴，使右脚贴地向后扫转一周。

［要求与要点］转体、俯身、撑地的用力要连贯紧凑，一气呵成。上下肢动作不要脱节。

［练习步骤］可先体会拧腰带动扫腿的旋转要领，充分利用转体、拧腰所形成的惯性力量，然后逐步增加后扫腿的速度和力量。

［易犯错误］

（1）向右转体拧腰速度慢，以致旋转无力和腰腿动作脱节。

［纠正方法］身体直立，左腿支撑，多做高姿势的快速甩头、拧腰、扫腿

动作的练习，体会拧腰、扫腿动作的用力方法和如何使动作快速、连贯的要领。

（2）手扶地的位置不对导致右手没有插于右膝下方。

［纠正方法］强调上体右转，两掌掌指向右同时扶地。

六、平衡

（一）提膝平衡

［动作说明］右腿伸直支撑，左脚屈膝提起（过腰），脚面绷直并垂扣于右腿前侧。两眼向左平视。

［要求与要点］平衡站稳，提膝过腰，脚内扣。

［易犯错误］

（1）站不稳。

［纠正方法］摇摆时，支撑腿稍屈膝关节，脚趾抓地。

（2）勾脚。

［纠正方法］强调屈膝、绷紧脚面。

（二）侧举腿平衡

［动作含义］以脚尖弹击对方躯干以上部位。属攻击性动作。

［动作说明］

（1）两脚并步站立，两臂垂于体侧，眼视前方。

（2）右脚经左脚前向左盖步支撑，左腿屈膝提起，随即向上伸膝，成平衡；右掌向右、向上抖腕亮掌于头上方，左臂上移屈肘护于右胸前；眼视左侧。

［要求与要点］挺胸立腰，举腿要高于腰部。

［练习步骤］

（1）做侧高压腿和侧扳腿练习，发展腿部的柔韧性。

（2）一手扶握一定高度的物体，做控腿和压（耗）腿练习，然后逐渐过渡到脱离支撑物的举腿练习。

（3）经上面两个步骤练习后，进行完整的动作练习。可左右交替进行练习。

［易犯错误］

（1）站不稳。

（2）弓腰，两腿弯曲。

［纠正方法］

（1）支撑腿伸直，脚趾抓地，头向上顶，全身保持适度的紧张。

（2）练习时，注意挺胸，立腰，绷紧脚面。

（三）盘腿平衡

［动作说明］

（1）两脚并步站立，两臂垂于体侧，眼视前方。

（2）右脚向右开步，屈膝半蹲；身体重心移至右腿，左腿屈膝提起，左脚盘放在右膝上；两掌向两侧平分，成侧平举；头向右转；眼视右侧。

［要求与要点］支撑腿脚趾抓地，盘腿、分掌和转头要同时完成，注意挺胸、塌腰。

［练习步骤］

（1）做两脚并步屈膝半蹲的练习，发展腿部力量。

（2）做一手扶支撑物的盘腿练习，并控制一定时间，然后逐渐脱离支撑物。

（3）经上面两个步骤练习后，做完整的动作练习。可左右交替进行练习。

［易犯错误］

（1）站不稳。

（2）弓腰，含胸。

［纠正方法］练习时，注意支撑腿脚趾抓地，头向上顶。

（四）扣腿平衡

动作与"盘腿平衡"相同，唯盘腿脚尖勾起，扣于支撑腿的膝窝处。

要求与要点、练习步骤、易犯错误与纠正方法均参考"盘腿平衡"。

此外，还有望月平衡、仰身平衡等。

七、跳跃

跳跃动作是武术基本技术的主要内容之一，跳跃动作练习对于增强腿部力量和提高弹跳能力具有良好的作用。

（一）腾空飞脚

［预备姿势］并步站立。

［动作说明］右脚上步，左腿向前、向上摆踢，右脚蹬地跃起，身体腾空，两臂由下向前、向头上摆起，右手背迎击左手掌。在空中时，右腿向前上方弹踢，脚面绷直，右手迎击右脚面；同时左腿屈膝，左脚收控于右腿侧，脚面绷直，脚尖向下。左手在击响的同时摆至左侧方变勾手，勾尖向下，略高于肩。上体微前倾，两眼平视前方。

［要求与要点］

（1）右腿在空中踢摆时，脚高必须过腰，左腿在击响的一瞬间，屈膝收控于右腿侧。

（2）在腾空的最高点完成击响动作。拍击动作必须连续、准确、响亮。

（3）在空中时，上体正直，微向前倾，不要坐臀。

［练习步骤］

（1）拍脚练习。练习方法可以原地进行，也可以进行行进间击拍练习。

（2）进行原地的或行进间的右脚蹬—左腿摆—踢摆右腿的二起脚练习。

（3）进行右腿蹬地起跳，左腿屈膝摆起，同时两臂上摆并在头上击响的踏跳练习。

（4）进行上一步或加三步助跑的完整动作练习。

［易犯错误］

（1）右腿蹬伸与左腿踢摆脱节，动作不协调。

［纠正方法］可多做练习步骤3所示的练习。

（2）起跳后，上体过于前俯，坐臀，致使重心下坠。

［纠正方法］可多做行进间的单拍脚练习。在练习中强调上体正直；并在此基础上降低腾空高度，掌握正确动作；待正确的动作形成后，逐步加大腾空高度，完成空中造型。

（二）腾空箭弹

［动作含义］以脚尖在空中弹击对方。属攻击性动作。

［预备姿势］两脚并步站立，两臂垂于体侧，眼视前方。

［动作说明］右脚向前上步，膝关节伸直，以脚后跟着地；左臂前摆，右臂后摆；眼视前方。接着，右脚踏实蹬地向上跳起，左腿随之向前、向上摆起，

同时右掌从后方经腰侧向前推掌，左掌回收至腰左侧；眼视右掌。接上式，右脚蹬地跳起，使身体腾起；右腿迅速挺膝，向前上方弹踢，脚面绷直，左腿屈膝回收；右掌回收至腰右侧，左掌向前推出；眼视左掌。左、右脚依次落地。

［要求与要点］

（1）起跳腿要充分蹬伸，上体后倾要伴随向前送髋，同时注意提气、立腰，向上顶头。

（2）在空中时要收髋、收腹、上体稍前倾。

（3）落地时，要前脚掌先着地，然后过渡到全脚，随之屈膝、屈髋加以缓冲。

［练习步骤］

（1）做原地或上步的蹬地起跳，两掌协同上摆，上步步幅要适中，蹬地要迅速有力。

（2）做上步腾空箭弹练习。

（3）结合击步或踏步等步法进行腾空箭弹练习。可左右交替进行练习。

［易犯错误］

（1）起跳后上体过于前倾，弯腰，坐臀。

（2）落地时身体后仰。

［纠正方法］

（1）多做上步蹬地起跳练习。练习时注意立腰，敛臀。

（2）在空中完成造型的瞬间，注意身体不可突然放松，要特别注意收紧核心，眼视前方。

（三）腾空蹬踢

[动作含义]以脚跟在空中蹬击对方躯干以上的部位。属攻击性动作。

[预备姿势]两脚并步站立，两臂垂于体侧，眼视前方。

动作说明与"腾空箭弹"相同，唯在空中时，右腿屈膝向前蹬伸，脚尖勾起。

要求与要点、练习步骤、易犯错误和纠正方法均参考"腾空箭弹"。

（四）腾空双飞脚

[动作含义]以脚跟在空中蹬击对方躯干以上的部位。属攻击性动作。

[预备姿势]两脚并步站立，两臂垂于体侧，眼视前方。

[动作说明]左脚向前上一步，右脚向前跟进一步，两腿屈膝半蹲，两臂后摆于体后；随之，两脚蹬地向上跳起，两腿屈膝，脚面绷直；同时，两臂向上摆起，身体腾空。在腾空时，两脚一起向前弹踢，两手击拍两脚面，上体稍前倾；然后两脚以前脚掌先着地，逐渐过渡到全脚，并屈膝、屈髋缓冲，还原为准备姿势。

[要求与要点]

（1）起跳时，两腿要充分蹬伸踝、膝、髋关节，同时注意提气、立腰、头上顶、两臂快上摆。

（2）在空中要收髋、收腹，两腿弹踢至与地面平行，上体稍前倾。

[练习步骤]

（1）先做仰卧两头起练习。动作做法是身体仰卧，两臂上举，两腿并拢伸直，脚面绷直，然后迅速收腹抬上体和举两腿，以臀部着地，两手触脚背，而后还原。如此反复练习，以增加腰腹力量和提高身体协调能力。

（2）做原地屈膝抱腿跳练习，以体会蹬伸踝、膝、髋及收髋、收腹的动作要点。

（3）在以上两种辅助练习后，开始进行完整动作的练习。

[易犯错误]

（1）上体过于前倾。

（2）落地时身体后仰。

[纠正方法]

（1）练习时，注意起跳与提气相配合，要立腰，向上顶头，两腿尽量向上、向前摆。

（2）落地时，注意以前脚掌先着地，身体保持适度紧张。

（五）腾空侧踹

[动作含义]以脚外侧在空中踹击对方躯干以上部位。属攻击性动作。

[预备姿势]两脚并步站立，两臂垂于体侧，眼视前方。

[动作说明]右脚经左脚向左上步，身体向右转约90度，两腿屈膝，左脚跟抬起；同时，右手向前下方插出，左臂屈肘于胸前；眼视右手。随之身体前移，右脚蹬地向上跳起，左腿屈膝上提；两手也随之上摆。身体腾空后，左腿伸膝向左蹦击；同时左掌向左侧横掌击出，右手变拳抽回至右胸前，上体向右侧倾；眼视左侧。身体下落，右、左脚依次落地。

[要求与要点]起跳时，注意充分蹬伸踝、膝、髋关节，头向上顶，侧踹与侧身要协调一致。

[练习步骤]

（1）做原地侧踹腿练习，以掌握正确的侧踹腿要领。

（2）进行原地屈腿跳练习，以体会起跳时的伸踝、膝、髋和收腹动作，提高弹跳高度。

（3）手扶支撑物练习腾空侧踹腿动作，以便掌握正确的动作要领。

（4）经上面三个步骤练习后，进行完整的动作练习。左右交替进行。

［易犯错误］空中凸臀，身体松懈。

［纠正方法］在练习中，注意挺胸、展髋、伸膝和两臂外撑内拉动作，也可多做手扶支撑物的腾空侧踹练习。

（六）腾空摆莲

［预备姿势］并步站立。

［动作说明］

（1）高虚步挑掌。右脚后撤一大步，同时右臂向前、向上挑掌，左臂后摆至身后。重心后移，左脚回收至身前虚点地面，成高虚步。同时右臂向上、向后、向下、向前绕环一周于身前挑掌，高与肩平，掌指朝上；左臂向前、向上、向后绕环，抡摆至身后与肩齐平的部位，掌指上挑。两肩随两臂转动，上体挺胸、直腰、顺肩，两眼随右掌转视前方。

（2）弧形步上跳。左脚向前进半步，右脚随之向前进一大步，脚尖外展，屈膝略蹲。在上右步的同时，右掌弧形回收至腰间，左臂从身后经上摆至头前上方。右腿蹬伸上跳，左脚屈膝提起，收扣于身前，身体腾空。右臂在跳起的同时，经左臂内侧向上弧形斜上举，左臂顺势摆向身后，两眼随右掌转视左侧，头部左转，右肩前顺。右脚落地，左脚随之在身前落步，右脚再进一步，脚尖外展；身体右转，同时右臂顺势下落，左臂前摆。

（3）腾空摆莲。右脚蹬地跳起，同时左腿向右上方里合踢摆，两手于头上击响，上体向右旋转，身体腾空。右腿外摆，两手先左后右拍击右脚面，左腿屈膝收控于右腿侧。上体微前倾，两眼随视两手。两手在空中击响时，左腿可伸直分开摆动，收控于体侧。

［要求与要点］

（1）上步要成弧形。右脚踏跳时，注意脚尖外展和屈膝微蹲。

（2）上跳时，左腿注意里合扣踢。

（3）右腿外摆要成扇形，上体微前倾，要靠近面前击掌。两手先左后右拍击右脚面，击响要准确响亮。

（4）在击响的一刹那，左腿屈膝收控于右腿内侧，或伸膝外展置于身体左侧。

（5）在完成动作的过程中，要注意起跳、拧腰、转体，里合左腿与外摆右腿等动作要紧密协调。

［练习步骤］

（1）原地的和行进间的外摆腿练习。

（2）进右步—左腿里合—向右转身—右腿外摆的组合练习。

（3）上右步起跳，扣摆左腿，两手头上击响的向右转体360度的"转体跳"练习。

（4）起跳后转体90度，逐渐做到转体180度、270度。

［易犯错误］

（1）转体不够。

［纠正方法］可多做向右转体 360 度的"转体跳"练习。

（2）击响不准。

［纠正方法］可多做外摆腿击响练习。

（3）右腿外摆幅度小，左腿不能里合收扣。

［纠正方法］在外摆腿练习中提高外摆幅度。在"转体跳"的练习中，解决左腿的里合收扣问题。

（七）旋风脚

［预备姿势］并步站立。

［动作说明］

（1）高虚步亮掌。右臂向前上方弧形摆掌，同时左臂屈肘，左掌收于左腰间，上体微左转，目随右掌。右掌经体前向左、向下、向右在头上抖腕亮掌，掌心向前，掌指朝左，同时左掌从右臂内穿出，经胸前向上在左摆至左侧，掌指朝上，高与肩平。左脚在右臂抖腕亮掌的同时收于体前，脚尖虚点地面，成高虚步。头部左转，两眼随右掌抖腕亮掌转视左侧。

（2）旋风脚。左脚向左上步，同时左手向前、向上摆动，右臂伸直向后、向下摆动。右腿随即上步，脚尖内扣，准备蹬地踏跳。左臂向下摆动，并屈肘收至右胸前，随之左臂向上、向下抡摆，上体向左旋转前俯。重心右移，右腿屈膝蹬地跳起，左腿提起向左上方摆动，上体向左上方翻转，同时两臂向下、向左上方抡摆。身体旋转一周，右腿做里合腿，左手在面前迎击右脚掌，左腿自然下垂。

［要求与要点］

（1）右腿做里合腿时，要贴近身体；摆动时，膝挺直，要由外向里成扇形。

（2）击响点要靠近面前。左腿外摆要舒展，并在击响的刹那离地腾空。初学时，左腿可自然下垂；当能够熟练地完成腾空动作时，左腿逐步高摆，屈膝或直腿收控于身体左侧。

（3）抢摆、踏跳、转体、里合右腿等环节要协调一致；身体的旋转不少于270度。

［练习步骤］

（1）原地的或行进间的"里合腿加转体90度"的练习。

（2）原地的或行进间的"左腿外摆—右腿里合"的转体击响练习。

（3）不加腿法的抢臂旋体跳转360度的"翻身跳"练习。

（4）跳起的转体90度的击响练习，逐步增加转体180度、270度的练习。

［易犯错误］

（1）上下脱节，转体角度不够，动作不协调。

［纠正方法］多做转体360度的"翻身跳"练习。在不加腿法的"翻身跳"练习中，要求上下肢协调，提高身体的旋转能力。

（2）跳起后，两腿摆动时屈膝、坐髋。

［纠正方法］可多做"转左外摆右里合"的腿法练习。在练习中强调伸膝的正确姿态。

（3）跳起后上体后仰。

［纠正方法］在"提左膝、右腿单脚跳转360°"的练习中，加强锻炼，提高上体直立、头部上顶的能力。

（八）旋子

[预备姿势] 两脚并步站立，两臂垂于体侧，眼视前方。

[动作说明] 身体右转，左脚向左迈步；两手向右平摆。接着，上体前俯，并向左后上方拧转，左腿屈膝，两臂随身体平摆，同时右腿向后上方摆起，左腿蹬地伸直相继向后上方摆起，使身体在空中平旋一周。随后，右、左脚依次落地。

[要求与要点] 蹬地、转头、甩腰、摆臂以及摆腿几个环节要协调配合，身体在空中俯身水平旋转，两腿高于水平。

[练习步骤]

（1）做原地燕式平衡练习，以提高摆腿的伸直高度和完善身体成反弓状的空中造型。

（2）左脚上步向左拧腰、摆臂和接右腿摆起要成燕式平衡，以解决拧腰、摆臂和撩腿的协调配合问题。

（3）进行保护与帮助练习。保护者左手抓住练习者的左手腕或上臂，右手托住练习者的腹部，在练习者起跳旋转时，给予向上和旋转的助力，以帮助练习者正确掌握动作。

（4）经上面三个步骤练习后，进行完整的动作练习。

（5）可结合垫步等步法做旋子练习。

[易犯错误]

（1）平旋时，空中造型做不出来，凸臀、弯腿和低头。

[纠正方法] 除了强调抬头、挺胸、背肌收缩等要领外，还可以通过手扶肋木或墙做后撩腿练习。练习时，要求抬头、挺胸、展胯、挺膝、绷脚面，或

者多做原地旋转的燕式平衡练习来形成姿势的定型。

（2）旋转速度慢，转体角度不够一周。

［纠正方法］可以通过原地向左、向后方平甩两臂的练习和增强燕式平衡旋转能力的练习来改正。

（3）腾空不高。

［纠正方法］强调上体前俯时不要压得过低，蹬地时要积极抬头，腿向上打。

（九）大跃步前穿

［动作含义］设对方向我下盘击来，我速向前跃步闪躲，同时右手向左挂防。

［预备姿势］两脚并步站立，两臂垂于体侧，眼平视前方。

［动作说明］左脚向前上步，身体重心前移，右脚跟抬起；右手向左侧下挂，左手向后摆；眼视左方。接着，左脚用力蹬地向前跃出，右腿屈膝，用力前摆；身体向右转，两手向前、向上摆起，眼视右手。右脚先落地；上肢动作不变。

［要求与要点］摆臂与蹬跳要协调一致；要求跳得高、跃得远，在空中挺胸、抬头、展体；落地要轻而稳。

［练习步骤］

（1）先做走步式的跃穿动作，体会臂和腿的运动方向与路线。

（2）不加手法的跃步练习，体会蹬地提摆动作。

（3）经上面两步骤练习后，做完整的动作练习。

[易犯错误]

(1)上下肢动作配合不协调。

(2)纵跳不高,前跃不远,空中未展体。

[纠正方法]

(1)多做走步式的跃穿动作,以提高上下肢体的协调配合能力。

(2)蹬地时,注意提气、立腰、向上顶头。在空中,要注意挺胸、抬头、展体。

八、跌扑滚翻

跌扑滚翻,即身体在地上完成的摔、滚、翻等各种动作。在对抗中,当身体失去平衡时,可向不同方向跌扑,以便进行攻击或自我保护,化险为夷。跌扑滚翻练习,可提高人体前庭器官的稳定性。

(一)栽碑

[动作含义]在对抗中,当身体前倾失去平衡时,使用栽碑技术,可达到自我保护的目的。

[预备动作]两脚并步站立,两臂垂于体侧,眼视前方。

[动作说明]两手握拳,屈臂置于胸前,拳与口同高;两脚跟提起,眼平视前方。身体挺直向前倒,着地时以两前臂同时撑地,两肘约成90度。

[要求与要点]前倒时,头颈上顶,臀部上提,两腿夹紧,腰背肌不能放松,要使整个身体挺直。

[练习步骤]

(1)保护练习。保护者站在练习者的前侧位置,当练习者前倒时,保护者用两手托住胸部或手腕、前臂，以减慢前倒速度，帮助练习者体会动作要领。

（2）做面对墙或在软垫上的挺身前倒练习。随着身体素质的提高和要领的掌握，可逐渐将面对物体降低或去掉软垫。

（3）经上面两步骤练习后，进行完整动作的练习。

［易犯错误］

（1）由于害怕心理，致使前倒时凸臀、弯腿。

（2）倒地后，造型动作松懈。

［纠正方法］多做保护帮助练习，以体会头颈上顶、臀部上提、两腿夹紧、腰背肌收紧的正确动作要领。

（二）仰摔

［动作含义］在对抗中，身体向后失去平衡时使用仰摔技术，有利于自我保护。

［预备姿势］两脚并步站立，两臂垂于体侧，眼视前方。

［动作说明］左腿支撑，右腿屈膝提起；上体含胸收紧，两手抱于胸前；眼视前方。接着左腿屈膝，右脚前伸；上体后倒，下颌收紧，以肩背部着地，同时两臂向两侧伸开击地。

［要求与要点］下颌收紧，挺髋，展腹。

［练习步骤］

（1）保护帮助练习。保护者站立在练习者的身后，当其后摔时，两手前伸托其肩部使之缓缓下落。

（2）垫上练习。体会和掌握动作要领。

（3）经上述两步骤的练习后，做完整的动作练习。

［易犯错误］倒地时身体松懈。

［纠正方法］后摔时，身体保持适度紧张，当肩背部触地时，要紧收下颏，同时挺腹，展髋。

（三）侧摔

［动作含义］在对抗中，当身体向侧失去平衡时，运用侧摔技术，以便自我保护。

［预备姿势］身体正直，并步站立。

［动作说明］右脚向左侧摆腿，左腿屈膝，脚跟稍提起，身体向右侧倾并向右转；同时，右手经腹前向右上方伸臂；眼看右手。当身体向右侧摔倒时，左腿合蹲；同时，以右前臂和左手撑地，使臀部悬空；眼视右侧。

［要求与要点］侧摔时，全身保持适度紧张，注意以右前臂内侧和左掌同时着地。

［练习步骤］

（1）先在垫子上做右脚上步前伸，身体右转下跌，同时右手向右侧做伸臂的练习。

（2）在垫子上做完整动作练习，掌握动作要领，然后脱离垫子在地上练习。

［易犯错误］侧倒时臀部着地。

［纠正方法］进行侧摔姿势的专门练习，反复使身体放松、紧张，体会展腹、挺髋、伸右腿等技术要领和正确的身体姿势。

（四）盘腿跌

［动作含义］同侧摔。

［预备姿势］两脚并步站立，两臂垂于体侧，眼视前方。

［动作说明］右腿向左前上步蹬地跳起，左腿向左侧上摆，上体向右倾斜，同时两臂向上、向右摆起，使身体在空中成侧卧姿势，随即以整个身体的右侧面落地。

［要求与要点］从空中跌落时，必须使右臂右侧、上体右倒、右腿外侧和左掌心同时着地，以增加身体与地面的接触面积，防止损伤。

［练习步骤］先做不跳起的侧倒垫上练习，待身体素质提高和掌握要领后，再逐渐增加跳跌高度，完成完整动作，最后脱离垫子进行完整动作的练习。

［易犯错误］身体右侧各部位不同时着地。

［纠正方法］多做垫子上的原地摔跌动作，注意身体要保持适度紧张，在掌握身体右侧能平整落地的基础上，再过渡到跳跌，最后离开垫子进行完整动作的练习。

（五）扑虎

［动作含义］设对方摔倒在地，我方可以饿虎扑食之势向对方跃出，用两拳或两肘向下砸击对方。

［预备姿势］两脚并步站立，两臂垂于体侧，眼视前方。

［动作说明］两腿屈膝半蹲，两臂后摆；眼视前方。接着两脚蹬地跃起；同时两臂向前方摆动，使身体向上、向前、向下扑出。两掌先着地，随即屈肘使胸、腹、大腿依次缓冲着地。

［要求与要点］跳起要高，落地要轻，手、胸、腹、腿在着地时必须有序完成，两腿可分开但不可超过两肩的宽度。

［练习步骤］

（1）做俯卧撑或靠墙的手倒立推撑练习，以增加臂力。

（2）做手倒立，然后屈肘使胸、腹、大腿、膝依次着地的练习。

（3）在软垫上做跳起手撑地摆腿练习，然后连起来进行完整的动作练习。

（4）经上述三步骤练习后，过渡到离开软垫的完整动作练习。

［易犯错误］跳起后凸臀，落地时平摔。

［纠正方法］

（1）凸臀往往是由于臂力不足而引起的害怕心理，所以应加强臂力练习，多做有保护的练习。在进行保护与帮助练习时，保护者站在练习者体侧，在其扑落时，保护者用手托住其胸腹部，使其减速着地。

（2）两手触地时，要注意挺胸、展腹以及身体各部位着地的顺序。

此外，还有扑地蹦、前滚翻、抢背、后空翻、鲤鱼打挺、侧空翻等。

第二节　刀术的基本技术动作

一、抱刀

［技击含义］抱刀属于持器械的一种方法，用于预备势或收势动作。

［动作说明］并步站立，左手持刀，刀尖向上，刀背贴于左臂，肘关节微屈，右臂垂于身体右侧，目视前方。

［要求与要点］食指和中指夹住刀柄，食指和拇指扣住刀刃侧护手盘，中指、无名指和小指托住护手盘。

［易犯错误］刀不垂直，刃不向前。

［纠正方法］调整抱刀手屈腕的角度，使刀尖向上；刀背靠住臂前侧，使刀刃向前。

二、提刀

［技击含义］握刀是持握器械的方法，可由此变换出各种进攻与防守动作。

［动作说明］并步站立，右臂下垂，右手虎口贴靠护手盘，五指屈握刀柄，刀尖向前，目视前方。

［要求与要点］手腕要灵活自然，随刀法变换，适当调整握力。

［易犯错误］虎口远离护手盘。

［纠正方法］以虎口环绕刀把，并靠近护手盘。

三、劈刀

［技击含义］劈刀属于进攻性刀法，意在劈击对方头部、肩部。

［预备姿势］右脚在前，错步站立；右手持刀上举，刀刃向前，刀尖向上，左掌按于胯旁，目视前方。

［动作说明］右手持刀，由上向下直臂劈至体前，左掌屈肘上合，置于右肩前（抡劈刀是沿身体右侧或左侧抡一圆）。

［要求与要点］臂与刀成一条直线，力达刀刃前部。

［易犯错误］刀与臂不成直线。

［纠正方法］顺肩、伸臂、直腕，使刀把末端贴靠前臂。加强手腕、手臂力量训练。

四、砍刀

[技击含义] 砍刀属于进攻性刀法，意在斜向砍击对方的肢体或器械。

[预备姿势] 开步站立，右手持刀，直臂举于右斜上方，左掌按于胯旁，目视前方。

[动作说明] 右手持刀，直臂向左下方斜砍，同时左掌上合，立掌于右肩前，目视刀尖。

[要求与要点] 刀尖稍翘起，以刀根部带动刀身向下斜砍。

[易犯错误] 力点不准确。

[纠正方法] 满把握住刀柄，旋臂斜向砍击，力达刀刃后部。

五、斩刀

[技击含义] 斩刀属于进攻性刀法，斩刀时的高度与脖子相齐，俗称斩首。

[预备姿势] 左脚在前，错步站立，右手持刀，直臂前举，左掌立于右上臂内侧，目视前方。

[动作说明] 身体右转，右臂内旋，刀向右横击，同时左掌直臂向左侧平分，目视右前方。

[要求与要点] 在完成动作的刹那间，手由满把握变螺把握，迅猛地爆发用力，贯于刀刃前部。

[易犯错误] 刀臂不成一线，力未达刀刃。

[纠正方法] 伸臂、直腕，使刀把末端贴靠前臂，力达刀刃前部。

六、缠头刀

［技击含义］缠头刀属于防守性刀法，意在以刀身格挡从不同方向朝我方头、肩、胸、背部攻击的兵械，并顺势反击对方。

［预备姿势］开步站立，右手持刀于体侧，刀尖向前，左臂前举，肘关节微屈，指尖向上，成侧立掌，目视前方。

［动作说明］右臂内旋上举，刀尖下垂，刀背绕至左肩，左臂屈肘，左掌摆至右上臂外侧，成立掌。接着刀背贴背绕过右肩，向左平扫至左腋下，刀刃向左，刀尖向后上方，左掌向左、向上架于头上方。

［要求与要点］肩要松沉，以腕的转动引导肘关节转动，使刀背贴近肩背，同时左手需协调配合。

［易犯错误］刀尖不下垂，刀背不贴身。

［纠正方法］抓握刀柄不可过紧，臂内旋，扣腕，虎口向下，刀身竖直，使刀背贴肩背而过。

七、裹脑刀

［预备姿势］开步站立，右手持刀置于左腋下，刀刃斜向后，刀尖向后上方，左掌架于头上方，目视前方。

［动作说明］右手持刀，向右平扫至体前再臂外旋上举，使刀尖下垂，刀背沿右肩贴背绕至左肩，左掌向左下落至平举再屈肘平摆至右腋下。接着右手持刀下落，置于身体右侧，力尖向左前，左手向前推出成立掌。

其要求与要点、技击含义、易犯错误及纠正方法基本同缠头刀，只是因刀绕转方向的不同而将其区分为缠头刀与裹脑刀。

八、剪腕花

［技击含义］剪腕花属于攻防兼备的一种刀法，主要用于剪击对方手腕。

［预备姿势］开步站立，右手持刀。

［动作说明］两臂侧平举，以腕为轴，刀在臂两侧向下贴身立圆绕环，目视右前方。

［要求与要点］以腕为轴，快速连贯，刃背分明。

［易犯错误］刃背不分明，刀绕不立圆。

［纠正方法］强调刀在臂两侧贴身立绕，向前下剪时，要刀刃向下，力达刀尖。

九、撩腕花

［技击含义］撩腕花属于进攻性刀法，主要用于撩击对方手腕。

［预备姿势］开步站立，右手持刀。

［动作说明］两臂侧平举，以腕为轴，刀在臂两侧向上贴身立圆绕环，目视右前方。

［要求与要点］同剪腕花。

其易犯错误及纠正方法同剪腕花，唯动作路线相反，刀刃向上。

十、云刀

［技击含义］云刀属于防守性刀法，用于架拨由上向下攻击头部的器械，进而反击对方。（云刀分为面前云刀、头顶云刀、头侧云刀）

［预备姿势］右脚在前，错步站立，右手直臂持刀成侧平举，左掌直臂成侧平举，目视右前方。

［动作说明］右臂内旋上举再变外旋，使刀在头顶上方平圆绕环一周，左掌内合按于右手腕处，目视前方。

［要求与要点］活把持握刀柄，以腕为轴。

［易犯错误］挥臂带刀，不以腕为轴。

［纠正方法］握把要松活，不要满把抓死，以腕的转动带动肘关节转动。

十一、背花刀

［技击含义］背花刀属于防守性刀法，用来拨挡攻击身前、体后的器械。

［预备姿势］开步站立，右手持刀，直臂侧平举，左掌直臂成侧平举，目视右前方。

［动作说明］右手持刀，臂内旋在体前下挂，刀尖向左，左掌内合附于右前臂内侧，目视刀尖。上动不停，上体右转，右手持刀，臂外旋，向上、向右下绕动，刀尖向右下方，目视右前方。上动不停，右手持刀以腕为轴，使刀在臂外侧向下、向上立绕，刀尖向右斜上方。上动不停，右臂内旋、屈肘，刀尖向下，在背后绕一立圆，左掌下落，直臂摆至体左侧。上动不停，上体向左转，刀尖下落，将刀带至腹前，刀刃向下，刀尖向后，左掌合于右前臂内侧。上动

不停，随上体转正，同时右手持刀经体左侧向右劈刀，刀尖向右上方，左掌直臂上分落至侧平举，目视右前方。

［要求与要点］灵活把握住刀柄，以腰带臂，腕关节放松，刀法贴身。

［易犯错误］身、械不协调，刀法不贴身。

［纠正方法］强调以腰带臂，刀走立圆。

十二、扎刀

［技击含义］扎刀属于进攻性刀法，根据需要扎刺对方身体的任何一个部位。（根据扎的高度，扎刀分为上扎刀、平扎刀、下扎刀）

［预备姿势］开步站立，右手持刀于右侧，刀尖向前，左手按于左胯旁，目视前方。

［动作说明］右手持刀，屈肘上提再直臂向前直刺，左掌弧形上摆，立于右前臂内侧，目视前方。

［要求与要点］刀与臂成一直线，爆发用力，力贯刀尖。

［易犯错误］刀与臂不成一条直线。

［纠正方法］要求直臂、直腕，使刀身平直。

十三、点刀

［技击含义］点刀属于进攻性刀法，适用于攻击对方的指、腕、肩、臂等部位。

［预备姿势］右脚在前，错步站立，右手持刀，直臂侧平举，左掌直臂成侧平举，目视右前方。

［动作说明］右手提腕，刀尖猛向下点，左掌合按于右手腕处，目视刀尖。

［要求与要点］手腕放松，突然而短促地用力上提，使刀尖向下啄击，力达刀尖。

［易犯错误］刀柄抵住前臂，手腕不能上提。

［纠正方法］拇指与食指扣住刀柄，其余三指松握，使柄端贴靠肌骨一侧。

十四、崩刀

［技击含义］崩刀属于攻防兼备的刀法，用来崩开对方的器械或崩击对方腕、臂等部位。

［预备姿势］开步站立，右手持刀，直臂侧平举，左掌直臂成侧平举，目视右前方。

［动作说明］右手沉腕，使刀尖猛地往上崩，左掌内合按于右前臂内侧，目视刀尖。

［要求与要点］手腕突然用力下沉，使刀尖由下向上啄击，力达刀尖。

［易犯错误］过于屈肘，力点不准，爆发力不够。

［纠正方法］肩部放松，肘关节微屈下坠，手腕突然下沉，使力量达至刀尖。

十五、挑刀

［技击含义］挑刀属于进攻与防守兼而有之的刀法，用于从正面挑击对方身体或向上挑开对方器械。

［预备姿势］右脚在前，错步站立，右手持刀，直臂前平举，左掌立于右上臂内侧，目视前方。

［动作说明］右手持刀，直臂上挑，左掌立于右肩前。

［要求与要点］螺把握住刀柄，虎口向上，臂与刀成直线向上挥起，力达刀背前段或刀尖。

［易犯错误］刀与臂不成一直线。

［纠正方法］强调肘、腕关节伸直。

十六、截刀

［技击含义］截刀属于攻防兼备的刀法，主要用于截膝、截腕或截击对方进攻。

［预备姿势］左脚在前，错步站立，右手持刀，直臂前举，左掌立于右肩前，目视前方。

［动作说明］身体右转，左脚收至右脚内侧成丁步；随转体右手持刀，刀刃斜向下截至身体右侧，同时左掌直臂向左斜上方分掌，目视刀尖。

［要求与要点］以短促的爆发力使刀向斜下猛击，力达刀刃前部。

［易犯错误］刀与臂不成直线。

［纠正方法］直臂、直腕，力达刀刃前部。

十七、撩刀

［技击含义］撩刀属于进攻性刀法，用于由下向上撩击对方。

［预备姿势］右脚在前，错步站立，右手持刀，直臂前举，左掌立于右肩前，目视前方。

［动作说明］右手持刀，臂内旋，直臂向上立绕至体后再变外旋，向下沿身体右侧贴身弧形向前掠至体前上方；刀刃向上，左掌前伸，直臂向上绕至体侧目视刀尖。（反撩刀则前臂内旋，刃沿身体左侧撩出）

［要求与要点］做撩刀的手腕要松活，以腰带臂，用力较柔和，力达刀刃前部。

［易犯错误］刀不贴近身体。

［纠正方法］拧腰、旋臂，刀沿体侧由下向上撩出。

十八、挂刀

［技击含义］挂刀属于防守性刀法，用于挂开向头部和下肢攻击的兵械或拳脚。

［预备姿势］右脚在前，错步侧身站立，右手持刀，直臂侧平举，左掌直臂成侧平举，目视右前方。

［动作说明］右臂内旋，刀尖向下、向左贴身挂出，两手合于腹前。（向右为右挂刀，向上为上挂刀，贴身立圆挂一周为抡挂刀）

［要求与要点］转腰、扣腕，左挂满把握住刀柄，右挂用拇指与食指刁握刀柄，腕部放松，力达刀背前部。

［易犯错误］刀不贴身。

［纠正方法］扣腕，刀与臂需保持合适的角度，使刀尖向下、向后贴近身体绕动。

十九、抹刀

［技击含义］抹刀属于进攻性刀法，高度在胸部以上，主要用于抹对方的脖子，俗称抹脖刀。

［预备姿势］开步站立，右手持刀，直臂前举，左掌立于右前臂内侧，目视前方。

［动作说明］腰向右拧转，右臂内旋，刀刃向右，由前向右弧形抽回，左拳顺势助力，仍按于右前臂内侧。（旋转抹刀要求旋转一周或一周以上）

［要求与要点］旋臂，弧形回抽，刀速均匀，用力轻柔，力达刀刃。

［易犯错误］直臂左右平摆。

［纠正方法］转腰、旋臂、屈肘，满把握刀柄，弧形回带。

二十、扫刀

［技击含义］横扫对方膝部以下部位。

［预备姿势］左脚在后下蹲成歇步，右手直臂持刀于身体右侧，刀尖与踝关节同高，左掌直臂举于左斜上方，目视刀尖。

［动作说明］身体左转约270度，右臂外旋，刀刃向左，随转体向左旋转，平扫一周，左掌合按于右手腕处。

［要求与要点］刀身要平，刀刃向左或向右，与踝关节同高，动作轻快，力达刀刃前部。

［易犯错误］刀刃不平，力点不准。

［纠正方法］转体时要注意旋臂大小适宜，刀刃平行，挥臂，甩腕，力达刀刃前部。

二十一、按刀

［技击含义］按刀是防中寓攻的刀法，按住对方身体的某一部位使其就范，或者按住对方器械，使其失去随意变化的灵活性。

［预备姿势］开步站立，右手持刀侧平举，左掌直臂成侧平举，目视右前方。

［动作说明］右臂外旋，刀向上弧形按于身体左侧，与腰同高，刀尖向左，左掌合按于右手腕处，目视刀尖。

［要求与要点］左手助力附压于右手腕处。

［易犯错误］左手不助力，刀身不平。

［纠正方法］强调左手助力，刀身持平。

二十二、格刀

［技击含义］格刀属于防守性刀法，用于格挡对方进攻的器械。

［预备姿势］左脚在前，错步站立，右手持刀，直臂前举，左掌立于右前臂内侧，目视前方。

［动作说明］右臂内旋，刀尖向下，刀刃向外。随之身体右转，右手持刀向右格挡，左掌按于右前臂内侧，目视前方。（旋转格刀要求旋转一周或一周以上）

［要求与要点］刀身竖直，以前臂和手腕用力为主。

［易犯错误］刀身不垂直。

［纠正方法］强调臂内旋，身体右转配合协调，使刀尖向下。

二十三、藏刀

［技击含义］藏刀的目的在于使对方看不清刀的位置，以利出击。

［动作说明］开步站立，右手持刀，刀尖斜向下藏于右侧，左掌直臂前推为平藏刀；右脚在前，错步站立，右手持刀，刀身横平，刀尖向后，藏于左腰侧，左掌架于头上方，为拦腰藏刀；开步站立，右手持刀，刀身竖直藏于左臂后，左掌架于头上方为立藏刀。

［要求与要点］平藏刀要刀身竖直，刀前身贴于胯右侧；拦腰藏刀要刀背贴靠腰侧，刀身横平；立藏刀要刀背贴于背左侧，刀身竖直。

［易犯错误］藏刀不严，刀不贴身。

［纠正方法］强调藏刀的位置。

二十四、背刀

［技击含义］用于防守向脑后、背部横向攻击的器械，并顺势向左右平斩或向前劈砍。

［动作说明］开步站立，右手持刀斜上举，刀背贴靠后背，左掌直臂成侧平举，目视前方；开步站立，右手持刀，臂内旋背于身后，刀尖向左斜上方，左掌直臂成侧平举，目视左前方。

［要求与要点］拇指与食指刁住刀柄，其余三指松握，刀背紧贴背部。

［易犯错误］肘关节弯屈过大，刀背贴靠后背。

［纠正方法］强调右手握刀上提，刀背紧贴后背。

二十五、推刀

［技击含义］推刀是一种攻防兼备的刀法，但主要用于推开对方的器械。

［预备姿势］开步站立，右手持刀于胯旁，刀尖向前，左掌垂于体侧，目视前方。

［动作说明］右臂内旋，刀尖向下，刀刃向前，屈肘上提再直臂向前立推，左手附于刀背前部。（刀尖向左、向前横推，为平推刀）

［要求与要点］刀身竖直，左手助推刀背。

［易犯错误］刀身不竖直，力点不准确。

［纠正方法］强调两臂伸直，刀身竖直，力在刀身中部。

二十六、错刀

［技击含义］错刀属于进攻性刀法，用于错击对方的身体或器械。

［预备姿势］开步站立，右手持刀，直臂前平举，左掌立于右手腕处，目视前方。

［动作说明］右臂屈肘外旋，手心向上，手腕稍后压，刀尖向右前方，左掌按于右腕处，目视刀尖，随之右手持刀，向前推出为正错刀。手心向下，刀尖向左前方为反错刀。

［要求与要点］刀身要稍高于刀柄，着力点要由刀身前段向后滑移。

［易犯错误］横力不够。

［纠正方法］强调器械出击时要以坡形向前推出。

二十七、架刀

［技击含义］架刀属于防守性刀法，用于撑挡对方由上向下攻击的器械。

［预备姿势］左脚在前，错步站立，右手持刀，直臂前举，左掌立于右前臂内侧，目视前方。

［动作说明］右臂屈肘内旋，刀尖摆向左侧，左手附于刀身前部，双手向上横向托起，举刀高过头，刀刃向上。

［要求与要点］刀身保持横平，力点在刀身中部。

［易犯错误］肘关节弯曲，刀身过于前举。

［纠正方法］强调肘关节伸直，架刀于头上方。

二十八、分刀

［技击含义］分刀属于防守性刀法，用于分拨向头部攻击的器械，或者平分向正中攻击的器械。

［预备姿势］开步站立，右手持刀于腹前，刀身水平横直，刀尖向左，左掌附于右手腕处，目视前方。

［动作说明］两手向上举，左右直臂分开，成侧平举，刀尖向上为立分刀。（刀尖由前向左右分开，为平分刀）

［要求与要点］满把握刀，先向上推架再向左右立分。

［易犯错误］向上推送不明显，刀身过于前倾。

［纠正方法］强调两臂上举，向左右立分。

二十九、带刀

[技击含义] 带刀属于防守性刀法，意在用己兵刃牵引对方器械，使之偏离进攻目标。

[预备姿势] 左脚在前，错步站立，右手持刀，直臂前举，左掌立于右前臂内侧，目视前方。

[动作说明] 右手持刀，臂内旋使刀刃向右，腰向右后转，右手随腰由前向右侧回抽，左掌附于右手腕处。（刀刃向左，向左侧回抽为左带刀）

[要求与要点] 以腰带臂，以臂带刀，动作柔和，力点由刀身根部前移。

[易犯错误] 转腰不够，动作刚猛。

[纠正方法] 强调腰的拧转要配合刀身的回带，动作连贯，用力柔和。

三十、捧刀

[技击含义] 捧刀一般取中，进可攻，退可防，属于攻守兼备的一种刀法。

[动作说明] 并步站立，右手持刀，臂外旋，肘关节稍屈，刀尖向前，刀刃向上，将刀平捧于胸前，左手托于右手下，目视前方。

[要求与要点] 螺旋握住刀柄，旋臂使刀身平直。

[易犯错误] 刀刃倾斜，刀身不平。

[纠正方法] 强调旋臂，使刀刃向上；强调直腕，使刀身平直。

第三节　棍术的基本技术动作

棍术的基本技术动作是棍术技术的核心，是棍的技击运用方法和运动方法。棍法与步型、步法、手型、手法、腿法、跳跃、平衡等身体动作相结合，构成了棍术动作。棍术动作的有机组合与连接，便构成了生动活泼、变化万千的棍术套路。

棍术的基本技术动作主要包括攻击性方法、防御性方法和过渡性方法。

攻击性方法主要有劈、摔、抡、扫、撩等远击方法，击、点、崩、戳、挑、盖等近击方法。

防御性方法主要有云、拨、格、挂、架、推、绞、舞花等。

攻击和防御有时很难截然分开，有的攻中带防，有的防中有攻，常常随动作的变化而变化；还有一些方法本身攻防用意不明显，在由攻变防、由防而攻的变化中起着不可缺少的连接过渡作用，如抱、背、夹、举、穿，托、抛、拄等方法。

一、基本持棍法

在进行各种棍法动作或在一组棍术动作的开始或结束，均有一定的持棍方法，它们构成各种预备势或定势、收势。其常见的有持棍、抱棍、举棍、托棍、夹棍、背棍等。

（一）持棍

两脚前后开立，两手满把正手握棍，左手在前，握于棍身中部，臂微屈，右手在后，握于棍把处，屈肘贴近腰侧。也可单手持棍于体侧。

（二）抱棍

两脚并立，两手满把正握，同在棍身后段，棍身在体前或体侧竖立。

（三）举棍

并立站立，两手正握于棍身中后段。右手在上，螺把握于棍中段，臂伸直或微屈，左手满把屈臂于右腋前，棍竖立于体右侧。也可侧举于身体左侧。

两手满把握于棍身后段，双臂举起于头后上方，棍斜朝后上方，为后举棍。

（四）背棍

一手螺把握棍于棍身后段，将棍斜背于身后，棍身紧贴背部，不得摇摆，为背后背棍。

（五）夹棍

两手握棍，一手在前，另一手屈肘于腋窝前，将棍身夹于腋下，棍端不得摇摆。

（六）托棍

一手握棍，另一手向上平托，高与胸平。

二、劈棍

［技击含义］劈棍属于远距离攻击方法，主要劈击对方头、肩等部位，也可劈击前臂，以击落对方手中器械。劈棍主要有半圆劈棍、抡圆劈棍和斜劈棍。

［预备姿势］两脚并步站立，两手满把正握，右手握于棍身中后段，左手

握于棍把处，将棍直举于体右侧，目视左前方。

［动作说明］左脚向左跨出一大步，身体左转 90 度，成左弓步，同时两手用力将棍由上向前、向下直劈，力达棍身前段和棍梢。

［要求与要点］下劈要快速有力，但不可僵硬，右手可伴同下劈微向下滑把，使两臂微屈，上下须配合协调，左弓步略先于棍到位。

［练习步骤］

（1）按动作要求，单个动作重复练习。

（2）两手换把（左手在上），上右脚劈棍，配合上步在行进间交替左右劈棍。

（3）左上步劈棍后，在右脚上步时，棍梢经体右侧向下、向后、向上，再上左一步劈棍，即为"抡圆劈棍"，可连续行进劈棍。

（4）由右向左下斜劈，即为"斜劈棍"。

［易犯错误］

（1）耸肩，直臂，动作僵硬。

（2）下劈无力。

［纠正方法］

（1）开始练习时不用全力，注意肩、臂动作，逐渐加力。

（2）下劈时注意动作加速，把要握紧。

三、摔棍

［技击含义］摔棍属于远距离攻击方法，主要劈击对方头部、肩部以及前臂。当劈击落空时即顺势劈下，伴同身体全蹲仆地，转攻为守，躲闪对方横击。

［预备姿势］两脚直立，两手满把正握于棍身后段，右手握于棍把处，举棍于头后上方。

［动作说明］左脚向正前方上步，右腿屈膝全蹲，左腿平铺地面，成左仆步，同时两手握棍用力，使棍由上向前、向下直劈，摔击于地面，使棍身着地，同时目视棍身前端。

［要求与要点］与劈棍基本相同，摔击地面时左手要松握，以掌心按压棍身，摔击地面时棍身要平击地面，下蹲与摔棍要协同。

［练习步骤］

（1）可以先练习两腿原地全蹲，同时摔棍。

（2）两手把位交换，右手在上，右步成右仆步摔棍。左右可交替进行。

（3）原地蹬地而起，向右后方跳转180度，成左右连续摔棍。

［易犯错误］

（1）棍身前段先着地。

（2）棍落地方向与仆步方向不一。

［纠正方法］

（1）先练习轻摔，强调平落。

（2）落棍时注意身体正直，动作结束后及时检查——是否靠近前脚尖处。

四、抡棍

［技击含义］抡棍属于主要远距离进攻法。横击对方肋部、腰部。

［预备姿势］两手紧靠，满把正握于棍身后段，将棍扛于右肩上，成右弓步。

［动作说明］两手用力使棍由右经体前向左平抡，扛棍于左肩，成左弓步。

［练习步骤］

（1）两脚开立，原地自右肩至左肩来回平抡。

（2）结合左右弓步的变化，左右平抡。

［要求与要点］留把要长度适宜，抡棍要平，力达棍身前端，配合腰腿力量，使棍呼呼生风，平抡时两手注意旋腕。

［易犯错误］

（1）留把太少，平抡无力；或者留把太多，棍把触碰胸部。

（2）旋腕的时机不对。

［纠正方法］

（1）抡棍前检查握把位置，轻轻来回试抡一次，确定握棍部位。

（2）先做慢动作，注意腕的旋翻，然后逐步加速加力。

五、抡云棍

［技击含义］抡为攻，云为防，攻中有防，便于连续进攻。

［预备姿势］同抡棍。

［动作说明］平抡至左前方后，动作不停，棍身继续在头上绕平圆运动，动作不停，棍由体右侧继续向左平抡，扛于左肩上。

［要求与要点］平抡与云棍要连贯，要能抡出二次平抡的声响。

［练习步骤］

（1）按动作要求，左右反复进行练习。

（2）在云棍时结合转身跳进行练习，左右反复，体现出棍打一片的特点（此为重要的基本练习，应多练习）。

［易犯错误］

（1）抡、云不够连贯。

（2）转身时机不对，抡棍与转体配合不协调。

［纠正方法］

（1）先原地进行，将棍的运行路线弄清。

（2）注意先抡再跨步转身。

六、单手抡云棍

［技击含义］抡为攻，云为防，攻中有防，但以防为主，是棍术中常用的一个动作。

［预备姿势］双手满把正握棍身后段，平扛于左肩，成左弓步。

［动作说明］两手用力由左向右平抡，左手松开，上动不停，右手顺势旋腕，仰身使棍在头上平绕一周，右手继续旋腕，将棍斜背于背后，成右弓步；左掌向前推手，目视左前方。

［要求与要点］由平抡到云棍、背棍，须一气呵成。动作要干净利落。

［练习步骤］

（1）先轻轻抡棍，着重掌握云棍和背棍。

（2）仰身云棍一时难以掌握，可先做侧身云棍。

（3）做单手抡云棍完整动作，并反复练习。

七、扫棍

［技击含义］扫棍属于远距离攻击法。主要横击腰部以下的腿部、踝部。

［预备动作］预备姿势同抡棍，成左弓步，平扛棍。

［动作说明］两手用力使棍由左向右下方平扫。

［要求与要点］向下平扫时要配合腰力，快速有力，力达棍身前段，棍梢可触及地面。

［练习步骤］

（1）先按动作要求，左右反复进行练习。

（2）然后可不经过肩背棍，直接左右下扫，反复进行。

（3）可伴随下蹲转体下扫 3/4 周或一周。

（4）结合云抡棍，即云抡一周，下扫一周，连续进行练习，连续向左，也可连续向右。

［易犯错误］

（1）下扫过高。

（2）下扫无力。

［纠正方法］

（1）尽量注意棍梢触地或贴近地面，扫棍要平。

（2）注意配合转腰发力。

八、撩棍

［技击含义］撩棍属于远距离攻击法。它主要用于由下向前击打对方的膝部、裆部。

［预备动作］两手满把正握直立，举棍于体右上方。

［动作说明］左脚向左前方迈出一步，成左弓步，同时两手使棍由后向下，经体右侧向前撩击，力达棍身前段。

［要求与要点］棍身须靠近体侧，撩出时要有力，右手可随撩出向后微微滑把。

［练习步骤］

（1）按动作说明做单动作练习。

（2）直举棍于体左上方（左手在上），出右步为左撩棍。

（3）两手换把交替左右撩棍，行进间进行练习。

［易犯错误］撩出前棍梢碰地，或者远离体侧。

［纠正方法］左手注意屈肘，使棍略高于地，以免碰地。

九、点棍

［技击含义］点棍属于远距离攻击法。它主要点击对方腕部。棍术中常顺势点击至地面制动。

［预备姿势］两脚并步站立，两手满把正握，右手握于棍身中后段，左手握于棍把处，将棍直举于体右侧，目视左前方。

［动作说明］左脚向左横出一步，两手握棍经体前上方向左侧点击至地面，右手滑把至左手处，同时左手倒把，力达棍梢。左脚向右倒插一步，同时两手握棍经体前向上、向右、向下点棍。左脚收回原位，右脚向左倒插一步，两手握棍向体左侧点棍。

［要求与要点］点棍要轻快敏捷，前手要适当滑把。

［练习步骤］

（1）直立时，先将棍上举至左右侧，随后出左脚向左（或出右脚向右）点棍，以此进行单动作练习。

（2）配合左、右倒插步来回向左、右点棍，反复进行。

（3）熟练后，步法可以进退随意，边走边打，左右兼施。

［易犯错误］动作僵硬无力。

［纠正方法］注意两手合力，以前臂和手腕用力为主，用上臂和肩带动力量；下点时要加速。

十、崩棍

［技击含义］崩棍属于有攻有防的方法。攻时可以由下向上崩击对方手腕，防时可以崩击在棍身上方的器械。

［预备姿势］做仆步摔棍。

［动作说明］身体起立，左手直臂握棍，右手握棍，稍屈臂置于左胸前，使棍身斜向下，随之重心右移成右横裆步，同时右手握棍把用力下按于腹前，左手滑把至棍身中段时突然握紧，两手合力使棍身前段由下向上崩起，棍身颤动，目视棍梢。

[要求与要点]开始应适当放松,尤其注意最后动作的两手配合,用一种短促的力产生制动感。

[练习步骤]

(1)可先开步站立,棍身斜向下,体会崩棍用力的方法。

(2)结合点棍做崩棍。

[易犯错误]

(1)两手用力不协调,或者缺乏爆发力。

(2)动作过大而松散无力。

[纠正方法]

(1)两手持棍于水平,着重体会两手配合的短劲,注意由松而紧。

(2)也可由另一人做向你胸前直戳的动作,以崩棍碰击对方棍身。

十一、戳棍

[技击含义]戳棍属于短距离攻击法。它主要通过棍把(棍梢也可以)直攻对方胸、腹、肋部。此法多在对方接近时采用。

[预备姿势]并步站立,双手握棍,右手握于棍身后段,左手握于棍身前段,将棍平持于胸前,目视右方。

[动作说明]右脚向右方跨一步,成右弓步,同时两手用力使棍向右前方直戳,力点达棍把。

[要求与要点]用力短促准确,直进直出,步到棍到。

［练习步骤］

（1）按动作说明练习向右或向左戳棍。

（2）向右戳棍后，立即后转身，成左弓步，迅速向左戳棍，力达棍梢，左右连续进行。

［易犯错误］棍身远离身体，棍戳出时左右摇晃，力点不准。

［纠正方法］

（1）先慢动作，注意棍的运行路线，然后逐渐加速。

（2）也可假设一目标（画一圆圈），将棍戳向圈内。

十二、挑棍

［技击含义］挑棍属于近距离攻击法。它主要通过棍把挑击，下可挑击裆部，上可挑击下颌。

［预备姿势］两脚略呈前后开立，双手满把握棍，棍身斜戳于右后方，棍把朝下。

［动作说明］左脚向前上一步，成左弓步，同时两手使棍把由后经体侧向前、向上挑击，力达棍把。

［要求与要点］注意两手的合力，一上一下，快速有力，向上挑时前手须先略滑把后再满把紧握，以增加攻击长度。

［练习步骤］

（1）按动作说明，左右皆可练习。

（2）也可上右步右挑把，上左步左挑梢，连续进行。

（3）也可上左步挑把，回身成右弓步挑把，连续进行。

（4）高挑可用提膝挑把进行练习。

[易犯错误]棍身远离身体上挑，最后上挑力不够。

[纠正方法]

（1）先做慢动作，注意棍的运行路线。

（2）上挑时加速用力。

十三、盖棍

[技击含义]盖棍属于近距离攻击法。它主要通过棍把（有时也可用棍梢）来击打对方头、肩、颈等部位，也可由上而下防守击来的器械。

[预备姿势]两脚成倒插步，双手握棍，右手握于棍身中段，左手握于棍身前段，棍斜于体右侧，棍把朝下，目视棍把。

[动作说明]左脚上一步，成左弓步，同时两手使棍把一端由后向上、向前、向下劈盖。

[要求与要点]下盖动作要快速有力，前手可略滑把，以增加攻击长度，力达棍身后段和棍把，可触及地面。

[练习步骤]

（1）按动作说明进行单动作练习。

（2）左右两侧进行单动作练习。

（3）右盖后，抽棍滑把于左侧，以棍梢一端劈盖，在行进间连续交替练习。

（4）任意变换方向劈盖，向四面八方练习。

［易犯错误］

（1）盖棍一端太短。

（2）盖棍未从上而下。

［纠正方法］

（1）注意前手滑把动作。

（2）强调由上而下的弧线，可假设在中近距离盖打对方脑门。

十四、横击棍

［技击含义］横击棍属于近距离攻击法。它主要通过棍把来击打对方耳部、肋部。

［预备姿势］两脚略呈左前右后开立，双手满把握棍，棍身斜于右后方，棍把朝下对手握棍。

［动作说明］右脚向前跨一大步，成右弓步，同时两手使棍把由后斜向上、向左横打，力达棍把。

［要求与要点］横击前，右手略向斜下方抽棍，左手略向前段滑把，横击时，右手略向后滑把，然后握紧，以加长攻击距离。

［练习步骤］

（1）按动作说明进行单动作练习。

（2）从左、右两侧进行横击把练习。

（3）先做右横击把，步型不动，再做左横击棍（用棍梢端），然后撤步转身，也可连续进行。

［易犯错误］

（1）棍的路线未走横的弧线，与挑或盖混淆。

（2）握把太死，攻击距离太短。

［纠正方法］

（1）强调棍把绕水平（齐腰）运行。

（2）一攻击目标，必须击到部位，自然须滑把来增加攻击长度。

十五、绞棍

［技击含义］绞棍属于近距离防御法。它可以绞缠对方器械，接近对方并进行反击。它常与戳棍、盖棍、挑棍相衔接。

［预备姿势］两脚成半弓步或弓步，满把双手握棍于棍身中段，左手近棍身前段，右手近棍身后段。

［动作说明］外绞棍依顺时针方向绞圆，里绞棍依逆时针方向绞圆。

［要求与要点］棍身中段要靠紧身体，绞棍时以一端为主，另一端协同，腰与两手协同配合。绕圆不宜太大，直径在30厘米左右。

［练习步骤］

（1）原地做里、外绞棍，由慢而快。

（2）左右移步做里、外绞棍。

（3）交替时用棍梢端和棍把端做里、外绞棍。

（4）结合盖棍、挑棍、戳棍进行练习。

［易犯错误］

（1）棍身离开身体，两手配合不协调。

（2）动作僵硬或无力。

［纠正方法］

（1）先按动作说明，以中等速度进行，掌握配合要领，逐步加速，注意柔中有刚。

（2）设一助手假意进攻，用绞棍防守。

十六、云棍

［技击含义］云棍属于防御性棍法。它主要防对方由上而下的劈、盖进攻。它常与拨棍连接形成云拨棍。

［预备姿势］两脚开立，两手分开正握于棍身中段，将棍置于右腋下，右手近把，左手近梢，屈肘于右腋下。

［动作说明］以右手为主，使棍把端由右向左、向后于头上方平绕，左手变钳把握棍，伴同平绕上动不停。使棍把由后向右、向左平绕，棍梢端顺同方向平绕。棍梢绕至体左前方，右手握棍于左腋下。

［要求与要点］棍在头顶上方成平圆舞动，动作要快速连贯。

［练习步骤］

（1）按照动作说明进行慢动作练习。

（2）左右交替连续进行练习。

（3）配合上步转身、撤步转身进行练习。

（4）上步转身跳，在腾起时完成云棍动作。

［易犯错误］

（1）棍身未在水平位上转动。

（2）动作不连贯。

［纠正方法］

（1）先做徒手两臂交叉练习。

（2）由另一人协助判断是否成平圆舞动。

十七、拨棍

［技击含义］拨棍属远距离防御性棍法。主要用棍前端向两边拨开对方直线进攻的器械，改变其进击路线。

［预备姿势］两脚开立，两手分开正握于棍身中段，将棍置于右腋下，右手近把，左手近梢，屈肘于右腋下。左手满把握棍于右腋下；右手螺把握棍于棍身中段，手心朝下。

［动作说明］以右手为主，使棍把端由前向右平移，力达棍把端。左手在前，右手在左腋下时，通常向左平移，为左拨棍。

［要求与要点］用力轻快平稳，在对方击来器械贴近时外拨，幅度不宜太大。

［练习步骤］

（1）按动作说明，左右交替练习。

（2）也可做左右下拨棍练习。

（3）也可做转身拨棍练习。

［易犯错误］用力过猛，幅度太大，与格击对方来器动作相混。

［纠正方法］

（1）多做有助手的拨棍练习，必须在贴近的瞬间拨棍。

（2）由对方持枪来刺，做拨开枪杆的练习，不可发出器械碰撞的声音。

十八、格棍

［技击含义］格棍属于防御性棍法。主要以棍把或棍前端横击对方击来的器械，迫使其改变方向。

［预备姿势］两脚前后开立，两手分开，正握持棍于身体前方，右手握棍持于右腰侧。

［动作说明］以前手为主，迅速向左或右平移，前手心朝里，为左右上格棍；持棍于体前，迅速提左膝，右手向前滑把，使棍把由右向左在体前下方横击，左脚向后落步，右侧腿提膝，同时两手向棍把方向滑把，使棍身前段由左向右下方横击。

［要求与要点］格棍动作要快速有力，与击来器械成垂直。

［练习步骤］

（1）按动作说明做左右上格棍。

（2）按动作说明做退步左右下格棍。

［易犯错误］

（1）动作不迅猛。

（2）前手手臂太直，格棍无力。

（3）手心未朝里，形同拨棍。

［纠正方法］由一人假设对手持器械，进行协助练习，直刺上方或下方，体会格击的短促用力。

十九、挂棍

［技击含义］挂棍属防御性棍法。主要防守对方直向击来的器械。

［预备姿势］两脚前后开立，两手分开，正握持棍于身体前方，右手握棍持于右腰侧。

［动作说明］左脚回收半步，虚点地面，同时两手握棍使棍梢端由前向下、向后回收于左小腿外侧，右手握棍，屈臂置于右胸前；左脚后撤一步，右脚回收半步，虚点地面，同时棍把由前向下、向右后方下挂于右小腿外侧，左手握棍屈于左胸前。

［要求与要点］棍的运行必须由前向侧后下方或侧后上方，以便截住对方刺、扫、砍、抡等技法的进攻，棍要贴身，且快速有力。

［练习步骤］

（1）按动作说明做左右下挂棍练习。

（2）也可做左右上挂棍练习。

（3）两手分握于棍身中段的两端，可做退步连续上挂棍，或连续下挂棍练习。

［易犯错误］

（1）动作路线含糊，未由前向后。

（2）挂棍动作离身太远。

［纠正方法］由一人假设进攻，做挂棍练习。

二十、架棍

［技击含义］架棍属防御性棍法。主要以棍身架挡对方由上向下劈来的器械。

［预备姿势］两脚前后开立，两手分开，正握持棍于身体前方，右手握棍持于右腰侧。

［动作说明］左脚向前上半步，成左弓步；同时左手向棍梢一端滑把，两手将棍向头前上方举架。

［要求与要点］滑把与上举同时进行，动作要干脆，上架要快速有力。

［练习步骤］

（1）按动作说明进行练习。

（2）也可结合回身上架、左右横裆步上架进行练习。

［易犯错误］

（1）两手距离太宽或太窄。

（2）棍身上举未高过头。

［纠正方法］两人配合进行假设性练习，检查手和棍的位置。

二十一、推棍

［技击含义］推棍属近距离进攻性棍法，主要以棍身推撞对方躯干部位。

[预备姿势] 两脚前后开立，两手分开，正握持棍于身体前方，右手握棍持于右腰侧。

[动作说明] 左脚向前跨一大步，两手握棍以棍身向前推击，棍斜于体前，也可使棍水平横推。

[要求与要点] 推棍要伴同身体重心前移，两手要同时用力。

[练习步骤] 按动作说明反复体会，结合行进间练习，棍梢、棍把交替在上。

[易犯错误] 身体步法未跟上，与推棍用力不一致。

[纠正方法] 体会要点，也可两人一组配合做攻防练习。

二十二、双手舞花棍

[技击含义] 双手舞花棍属防御性棍法。主要用在遭受多方位攻击或对方抛出器械打来时。是套路中连接动作的重要技术。

[预备姿势] 两手正握于棍身中段（偏于棍把一端），棍直立于体前，两脚前后开立。

[动作说明] 左手松握，右手向右后下方抽棍，并由后向上、向前立圆绕行劈把，左手随棍身转动成钳把握棍，棍梢伴同由上向前、向下、向右后方绕行。上动不停，身体左转，重心落于两脚中间，两手继续使棍把由前向下立圆绕行，下挂于左腿侧，两臂自然交叉，上动不停，两手继续使棍把由下向上、向前立圆绕行，左手自然转腕使棍身贴于掌心，上动不停，左手握棍使棍梢向上、向前立圆绕行劈棍，上动不停，重心前移，两手使棍梢一端继续向右腿外侧下挂，两臂自然交叉，右手成钳把握棍，两手继续使棍梢一端向后、向上、向前立圆

绕行，为还原动作。

[要求与要点] 棍梢、棍把始终在相反位置上立圆绕行。一般棍把前劈后下挂于体左侧，棍梢前劈下挂于体右侧，一手前劈下挂，另一手为钳把。动作要连贯。

[练习步骤]

（1）按动作说明进行练习，弄清棍把、梢的运行路线。

（2）逐步加快速度，连续舞花。

（3）结合上步、退步，在行进间连续舞花。

[易犯错误]

（1）握把太死，动作不连贯。

（2）棍立圆绕行离身体两侧较远。

[纠正方法]

（1）强调两手轮替，另一手松握。

（2）下挂时尽量靠近腿侧，前劈则靠近前方中正位置。

二十三、单手舞花棍

[技击含义] 与双手舞花棍同。

[预备姿势] 两脚前后开立，右手握棍于棍身中后段，使棍立于身前，棍梢端朝上。

[动作说明] 转腕使棍梢端向前、向下，经体右侧转动一周半，棍身斜于右腋下。上动不停，以棍把向左下挂，钳把握棍，与身体伴同向左转，上动不停，

继续使棍梢顺势绕行一周，直至恢复为预备姿势。

［要求与要点］握棍部位要使两头运转相当，夹于腋下要转体加速，立圆要近身。

［练习步骤］

（1）按动作说明练习，连续进行练习，逐步加快速度。

（2）以左手握棍，连续进行单手舞花棍练习。

（3）左右手体前换把，连续进行舞花棍练习。

（4）左右手体后换把，连续进行舞花棍练习。

［易犯错误］

（1）离身太远，立圆不直。

（2）动作不连贯。

（3）换把时机不准，棍梢、把转动混乱。

［纠正方法］

（1）慢动作单手练习，注意立圆、下挂时尽量靠近腿侧。

（2）当棍身于腋下时，上步转身要顺势及时，不能停顿。

（3）换把绕行时，检查是否均以棍把一端下挂，若不是，应及时调正，由慢而快，逐步熟练。

二十四、提撩舞花棍

［技击含义］提撩舞花棍属远距离攻击性棍法。主要在对付两个以上对手的情况下，边守边攻，乱中取胜。

［预备姿势］两脚前后开立，两手正握于棍身后段，棍梢端朝上。

［动作说明］两手屈肘用力，使棍梢端由上向后，向体右侧下方立圆绕行。上动不停，两手握棍顺势旋腕上提，使棍梢端继续向前、向上撩起，棍把随之移至头的左侧，上动不停。两手旋腕，使棍梢端顺势在体左侧绕行一周，向前撩起，棍把随之移至头的右侧。

［要求与要点］握棍部位要恰当，棍在体侧运行时要成立圆，提撩时应用力，其他时应旋腕柔和，随其惯性。

［练习步骤］

（1）按动作说明中速进行练习，体会要点。

（2）在原地熟练后，结合上步或退步进行行进间练习。

（3）也可进行单手提撩舞花练习，动作及要领与双手提撩舞花相同。

［易犯错误］

（1）动作不连贯。

（2）棍离身体太远。

（3）动作太软或太硬。

［纠正方法］

（1）由慢到快，在向前提撩时逐步加力。

（2）棍梢向后下落时注意贴近脚踝外侧。

二十五、穿棍（穿梭棍）

［技击含义］穿棍属过渡性棍法。主要指在攻击防御中变换把位的方法。

在棍术套路中常见。分为穿腰、穿喉、穿背。

[预备姿势]两手反握于棍梢,虎口朝棍把,两脚前后开立或成左弓步。

[动作说明]左手松握滑把,右手贴身向右腰侧抽棍,身体伴同右转,成右弓步,称为穿腰棍。若右手沿脖颈锁骨向右穿棍,称为穿喉棍。穿喉时,右手须在抽棍时变为虎口朝棍梢端,方可穿出。若右手握于棍把端变握把,沿逆时针方向旋腕伸臂,将棍身过头,斜背于身后,左手松握滑把,右手向左、向前用力,棍即由背后向前穿出,称为穿背棍。

[要求与要点]穿棍时要流畅自如,一手抽棍或前送时,另一手要注意松活,便于滑把,穿棍要贴近身体。

[练习步骤]

(1)按动作说明,分别做穿腰棍和穿喉棍。

(2)把穿腰、穿喉连起来做,棍在体前犹如穿梭。

(3)按动作说明练习背后穿棍。

(4)上步和换把可使穿腰、穿喉、穿背三种棍法连贯起来练习。

[易犯错误]

(1)穿棍不畅。

(2)用力过大,棍穿出后落地。

(3)棍身离身体太远。

[纠正方法]

(1)反复练习原地的抽棍与滑把,做到穿梭自如。

(2)注意慢动作屈臂贴身运行。

（3）一手抽棍、送棍的力度要适当，另一手要配合控制，松紧要适宜。

二十六、抛接棍

［技击含义］抛接棍属过渡性棍法，可以借此变化握棍部位，必要时也可加速向前追击。

［预备姿势］两脚前后开立或成右弓步，右手单手握棍的一端。

［动作说明］右手用力使棍前端向上翘起。随之，抛棍使棍在空中向前翻滚半周，右手接握棍的另一端。

［要求与要点］抛棍前棍身上翘，便于在体前上空翻转，抛翻的力度与高度要掌握好，以便接棍。

［练习步骤］

（1）可连续进行抛接练习。

（2）还可结合背后穿棍，右手向前抛出，左手随上步接棍。

［易犯错误］

（1）空中高度不当，太低或太高。

（2）接不住。

［纠正方法］根据要领反复练习，很快就可以掌握。

第四节 剑术的基本技术动作

一、剑的持握法

（一）持剑

两脚并步站立，左臂内旋成手心，向后握住剑柄，拇指扣住内侧剑格，中指、无名指和小指扣住外侧剑格，食指伸直压住剑柄，使剑身贴靠小臂，垂立于左臂后，右臂伸直贴靠右腿外侧，右手成剑指。

（二）握剑

（1）满把。手握剑柄，拇指屈压于食指第二指节，其余四指并拢握紧剑柄，虎口贴靠剑格。

（2）螺把。手握剑柄，小指、无名指、中指、食指依次微凸呈螺形，拇指靠近于食指第三指节，食指第二指节贴靠剑格。

（3）钳把。以拇指、食指和虎口的挟持之劲将剑柄钳住，其余三指自然附于剑柄。

（4）刁把。以虎口挟持之劲将剑柄刁牢，拇指、食指和中指自然伸扣松贴剑柄，其余两指松离剑柄。

（5）压把。满把握住剑柄，松开无名指和小指并将其压于剑柄后端，使剑身横平。

二、刺剑

[技击含义] 属进攻性方法，根据需要可击刺对手身体的任何部位。

[预备姿势] 两脚开步站立，右手握剑，提于右腿外侧，剑身横平，左剑指按于左腿外侧。目视前方。

[动作说明] 右手握剑屈肘上提，经腰侧再向前直刺，臂与剑成一直线，与肩同高，虎口向上，力达剑尖，左剑指屈肘上提，附于右腕处。目视前方。（刺剑可分为立刺剑与平刺剑，剑刃朝上下为立刺剑，剑刃朝左右为平刺剑。根据刺剑的不同方位，还可分为上刺剑、下刺剑、后刺剑、探刺剑等。）

[要求与要点] 出剑迅速，力达剑尖，肘要贴肋运行，不可外展，刺出时剑臂成一直线，挺胸、松肩。

[练习步骤]

（1）按动作要求慢速练习。

（2）熟练后可结合各种步型练习。

[易犯错误] 剑与臂不成一直线，力不达剑尖。

[纠正方法] 设立一目标，要求直臂、直腕，使剑身平直地刺向目标。

三、劈剑

[技击含义] 属进攻性方法，可劈击对手的头、肩部位。

[预备姿势] 两脚开步站立，右手握剑，直臂上举，小指侧剑刃向前，剑尖向上，左剑指按于胯旁。目视前方。

[动作说明] 右手握剑由上向下直臂劈至体前，力达剑刃，与肩同高，左

剑指屈肘上提，立于右肩前，目视前方。

［要求与要点］立剑由上向下直劈，手腕伸直，剑与臂成一直线，力达剑刃。

［练习步骤］

（1）按动作要求做慢速练习，练习动作规格。

（2）熟练后配合各种步型练习。

［易犯错误］剑与臂不成一直线，力点不准确。

［纠正方法］加强手腕、手臂的力量练习，强调伸臂、直腕，使剑把贴紧前臂。

四、左右挂剑

［技击含义］属防守性方法，用于挂开攻击的器械。

［预备姿势］两脚左右开立，略宽于肩，右手立剑，直臂平举于前方，手心朝左，左臂屈肘于胸前，剑指贴在右腋下，手心朝下。目视前方。

［动作说明］向左挂剑，左手持剑臂内旋，右手腕稍屈，直臂向下，屈肘绕至体左侧，手心朝里，上体左转，使剑尖由前向下，经左腿外侧向后、向上弧形绕行。目视剑尖。向右挂剑，右手持剑臂外旋，由身体左侧向前、向下经身体右侧向后弧形摆动，使剑尖向下、向后、向上经右腿外侧继续向后弧形绕行，身体随之稍向右转。目视剑尖。

［要求与要点］左挂剑身体左转，右挂剑身体右转。立剑时贴身呈弧形挂出，力达剑身前部。

［练习步骤］

（1）原地分别做左右挂剑练习。

（2）结合上步做连续的左右挂剑练习。

［易犯错误］挂剑不成立圆、未贴身、剑尖戳地。

［纠正方法］注意身械协调，还要注意屈腕，使剑尖上翘。

五、撩剑

［技击含义］属进攻性方法，用于由下向上撩击对方。

［预备姿势］两脚开步站立，右手握剑，提于右腿外侧，剑身横平，左剑指按于左腿外侧。目视前方。

［动作说明］右撩剑：右手持剑臂内旋，屈肘将剑向上弧形绕至右后上方，臂外旋继续向下，贴身体右侧向前、向上方弧形撩出，手心朝上，臂伸直，左剑指顺势屈肘举于左肩上方。目视剑尖。左撩剑：右臂屈肘将剑由前向上弧形绕至左后上方，臂内旋继续向下，贴左腿外侧向前上方弧形撩出，臂伸直，同时左剑指经胸前顺势贴于右腋下，手心朝外。目视剑尖。

［要求与要点］贴身、立剑、弧形撩出，力达剑身前部。

［练习步骤］

（1）右撩剑时上体稍向左转，左撩剑时上体稍右转，撩剑与转体要一致。

（2）掌握撩剑动作要领后，可结合步型、步法等进行左右连续撩剑以及转身向后做反撩剑练习。

［易犯错误］剑不贴身。

［纠正方法］强调拧腰、松腕、旋臂，剑沿体侧撩出。

六、云剑

[技击含义]属于防守性动作,用于荡开击向头部的器械。

[预备姿势]两脚左右开立,略宽于肩。右手持平剑,平举于身体右侧,手心朝下,左臂屈肘于胸前,剑指贴于右肩处,手心朝右。目视剑尖。

[动作说明]右手持剑臂内旋,由右向前、向左、向上、绕弧形举于右肩上方,肘微屈,使剑尖由右向前弧形绕至身体左上侧,平剑于头顶,手心朝前,左手剑指同时收于左腰侧。目视剑身。上动不停,右臂在头上方做外旋动作,手腕外旋转动,使剑尖由左继续向后、向右平圆绕动,手心朝上,左手剑指不变。目视剑尖。接着右手持剑,臂继续外旋,由右向后弧形向左平摆,臂伸直,随之内旋,上体稍左转,使剑尖继续由右向后弧形绕至身体左侧,高于肩平,剑臂成一直线,左剑指顺势附于右手腕处。目视剑尖。

[要求与要点]云剑时要旋臂、屈肘,摆动不要过大,要以手腕关节为轴。平剑经过头顶上方平绕,剑尖不可下垂。

[练习步骤]

(1)开始时不易掌握,先慢练,体会动作要领。

(2)待掌握要领后再逐步加快。

(3)可结合转体、步型进行练习。

[易犯错误]

(1)头上绕圆不平。

(2)没有以手腕为轴。

[纠正方法]强调直臂、活腕、以腕为轴。可持棍中段举于头顶,以腕为轴,

左右绕平圆。

七、抹剑

［技击含义］属进攻性方法，抹对方胸腹以上部位。

［预备姿势］左脚在前，错步站立，右手握剑，直臂前平举，虎口向上，左剑指立于右臂内侧。目视前方。

［动作说明］上体右转，同时两脚辗转，成开立步，右臂内旋，手心向下，剑由前向右弧形抽回，力达小指侧剑刃，左剑指稍前伸，附于右腕处。目视前方。

［要求与要点］以腰带臂，用力要柔和，力达剑刃。

［练习步骤］

（1）按动作要求进行练习。

（2）结合步型进行练习。

八、绞剑

［易犯错误］直臂平摆，发力错误，力未达剑刃。

［纠正方法］一人拉住剑尖来控制速度与力量，使练习者体会要领。

九、架剑

［技击含义］属防守性方法，主要用于架挡对方击向头部的器械。

［预备姿势］左脚在前，错步站立，右手握剑直臂前平举，虎口向上，左剑指立于右腕处。目视前方。

[动作说明] 上体右转，同时两脚辗转，成开立步，右臂内旋，剑向头上方架起，剑身横平，手心向前。目视左斜前方。

[要求与要点] 剑身要保持横平，力点在剑身中部。

[练习步骤]

（1）按动作要求原地进行练习。

（2）结合步型进行练习。

[易犯错误] 剑身未能平架于头上。

[纠正方法] 面对镜子练习，注意肘关节弯曲的程度。

十、挑剑

[技击含义] 属攻守兼备方法，用于挑击对方的身体或挑开对方的器械。

[预备姿势] 两脚并步站立，右手握剑，直臂前平举，虎口向上，左剑指立于右小臂内侧。目视前方。

[动作说明] 右手握剑，直臂上挑，力达剑身前部，左臂下垂剑指向斜下，按于左胯旁。目视前方。

[要求与要点] 臂与剑成一直线向上挥起，力达剑身前段。

[练习步骤]

（1）原地慢速练习。

（2）熟练后结合步型、改变方向进行练习。

[易犯错误] 剑与臂不成一直线。

[纠正方法] 强调直臂、直腕，剑把紧贴前臂。

十一、点剑

［技击含义］属进攻性方法，点击对方的手臂使其器械脱手。

［预备姿势］右脚在前，错步站立，右手握剑，直臂前平举，虎口向上，左剑指立于右腕处。目视前方。

［动作说明］右手握剑提腕，剑猛向下点，力达剑尖，目视剑尖。

［要求与要点］出剑要迅速，立剑点击；提腕要突然，剑尖明显低于手腕，臂伸直，力达剑尖。伸臂和提腕要配合协调。

［练习步骤］

（1）设立一个目标进行练习，体会动作要领。

（2）结合步法、步型进行练习。

［易犯错误］腕部动作不明显，力不达剑尖。

［纠正方法］强调直臂、提腕，运用手腕力量。

十二、崩剑

［技击含义］属攻守兼备方法，可崩开对方的器械或崩击对方的手臂。

［预备姿势］两脚开步站立，右手握剑，提于右腿外侧，剑身横平，左剑指按于左腿外侧。目视前方。

［动作说明］右手持剑，向前伸出，在臂接近伸直时，手腕下沉上屈，手心朝左，使剑峰突然向上，左剑指顺势附于右手腕处，手心朝下。目视剑尖。

［要求与要点］立剑向前伸出后，迅速屈腕下沉，使剑尖向上；臂伸直，力达剑尖。

［易犯错误］腕部动作不明显，力不达剑尖。

［练习步骤］同点剑。

［纠正方法］徒手练习挑掌和沉腕，体会腕部的寸劲，注意肘关节不可过分弯曲。

十三、截剑

［技击含义］属进攻性方法，主要用于截击对方的手臂。

［预备姿势］两脚开步站立，右手握剑，提于右腿外侧，剑身横平，左剑指按于左腿外侧。目视前方。

［动作说明］向上截剑臂外旋，右手持剑将剑身斜向上伸出，剑尖斜朝上，手心朝上，左剑指顺势附于右肘处，手心朝下。目视剑身。向下截剑臂内旋，右手持剑使剑身斜向下伸出，剑尖斜朝下，手心朝下，左手剑指顺势附于右肘处，手心朝下。目视剑身。

［要求与要点］必须使剑身和剑刃斜上或斜下。出剑要迅速有力，力达剑身前部，剑与臂成一直线。

［练习步骤］

（1）按动作要求进行练习。

（2）结合提膝、步型进行练习。

［易犯错误］力点未达剑前段。

［纠正方法］设立目标进行练习。

十四、斩剑

［技击含义］属进攻性方法，用于斩对方的颈部。

［预备姿势］两脚开步站立，右手握剑，直臂前平举，虎口向上，左剑指立于右臂内侧。目视前方。

［动作说明］向左斩剑臂外旋，右手持平剑向前、向左平摆，臂伸直，手心朝上，上体稍向左转，左剑指顺势附于右手腕处，手心朝左。目视剑身。向右斩剑臂内旋，右手持平剑向右平摆，臂伸直，手心朝下，左剑指顺势屈肘附于右肩处，手心朝右。目视剑身。

［要求与要点］平剑横出，剑刃不得朝斜上、斜下；手腕不可屈，高度在头与肩之间；臂伸直，剑与臂成一直线，力达剑身。

［练习步骤］

（1）按动作要求进行练习。

（2）结合步型进行练习。

［易犯错误］剑与臂不成一直线，慢速无力。

［纠正方法］臂由微屈到伸直，结合直腕协调用力，使剑把贴靠前臂。

十五、扫剑

［技击含义］属进攻性方法，用于横扫对方膝部以下部位。

［预备姿势］右腿支撑下蹲，左脚尖点于右脚内侧，成丁步，右手握剑，直臂下截，手心向下，左剑指左斜上举，直臂。目视剑尖。

［动作说明］身体左转，同时左脚向左开步，成右跪步，右手握剑臂外旋，手心向上，随转体剑身向前平扫，力达小指侧剑刃，高不过膝，左剑指下落，附于右腕处。目视剑尖。

［要求与要点］剑身要平，用力轻快，力达剑刃前部。

［练习步骤］

（1）徒手练习，体会重心的移动。

（2）按动作要求进行练习。

［易犯错误］剑刃不平，力点不准。

［纠正方法］强调挥臂、甩腕，剑刃与地面平行，力达剑刃前部。

十六、剪腕花

［技击含义］属攻守兼备的方法，用于剪击对方手腕。

［预备姿势］侧身站立，两脚分开，略宽于肩，右脚尖稍向外展。体稍右转，臂平举持剑前伸，手心朝左，左臂屈肘，剑指贴于左腰侧，手心朝下。目向右平视。

［动作说明］左剪腕花臂内旋，屈腕向下肘微屈，手心朝右，使剑尖由上弧形向下。以手腕关节为轴，使剑尖经身体左侧向后、向上、向前立圆绕环一周，立剑平举于身体右侧。还原至预备姿势。

右剪腕花臂外旋，屈腕向下肘微屈，手心朝上，使剑尖由前弧形向下。以手腕关节为轴，使剑尖经身体右侧继续向后、向上、向前立圆绕环一周，臂平举剑身持平。还原至预备姿势。

［要求与要点］旋臂屈肘，以手腕关节为轴，立剑贴身左右侧向下立圆绕

环，力达剑端。

［练习步骤］

（1）面对镜子进行练习。

（2）可结合步型进行练习。

［易犯错误］握剑太死，剑不绕立圆。

［纠正方法］运用正确的握剑方法，直臂、活腕，以腕为轴。

十七、撩腕花

同剪腕花，但方向相反。

第五节　枪术的基本技术动作

一、一般握枪的方法

握枪与握棍有所不同，通常右手握于枪把，为后手；左手握于枪杆中段，为前手。枪术有句谚语，即"前手如管，后手如锁，意指前手要松活，以便前后滑动，后手要握紧于把端，出枪至前手触及后手为止。

一般持枪方法：双手持枪是将枪杆紧贴腰腹间，右手置于右腰侧，左手置于前方，两臂微屈；单手持枪通常是以右手紧握枪把，屈臂直立于右侧或体前方。

握枪的把法与棍的把法基本相同。虎口朝向枪头一端为阳手握法，虎口朝向枪把一端为阴手握法。四指与拇指握紧为满把，四指握枪呈螺形为螺把，以拇指与食指握枪于虎口为钳把。松握枪杆并沿枪杆滑动为滑把，两手调换握枪前后的部位为换把。

一般情况下，右手满把是阳手握法，左手随动作的变化自如上下滑动。基本枪法中主要包括扎、拦、拿、劈、点、崩、挑、缠、穿、拨、绞、扫、架、摔、抛、抢、缩、撞、舞花等枪法，以及戳、挑、撩、横击等把法。

二、扎枪

［技击含义］属枪中最主要、最基本的攻击方法，是以枪尖直刺对方身体各部。刺肩部以上为上枪，刺膝部以下为下枪，水平刺枪为平枪，枪杆高与胸齐为上平枪，在胸腰之间为中平枪，与腰齐为下平枪，离地20厘米左右为低平枪。

中平枪，为枪中王。练好中平枪，其他各种扎枪也就容易掌握了。

［预备姿势］两腿屈膝半蹲，成半马步，左脚尖与枪尖同方向，两手握枪，右手与枪杆紧贴腰间，左手把握枪杆中部，臂微屈，目视枪尖。

［动作说明］重心前移，右腿蹬直，成左弓步，同时右手向前送枪，使枪杆沿左手滑动，向前方平扎，力达枪尖。

［要求与要点］

（1）右手送枪时右腿蹬直，向左转时腰用力要一致，使力传至枪尖。

（2）枪身要平直向前扎出。

（3）后手必须触及前手。

［练习步骤］

（1）按动作要求反复练习。

（2）确立目标，反复练习中平枪、上扎枪、下扎枪。

（3）结合拦、拿枪进行扎枪，反复进行练习。

[易犯错误]

（1）扎枪无力。

（2）耸肩。

（3）枪杆离腰。

（4）枪身不平。

[纠正方法]

（1）强调手与腰腿的配合，后手与前手相碰，最后的动作要有寸劲，使枪杆颤动。

（2）枪扎出后，自我检查一下是否耸肩。反复练习中如仍耸肩，可以先减轻用力，使肩部放松。

（3）注意右手要紧靠在腰上，出枪和抽回都要注意右手已触及腰部。

（4）左手固定好位置，扎出枪后检查是否偏高或偏低，或者设好目标进行练习。

三、单手平扎枪

[技击含义] 同扎枪。当双手扎枪后，如右侧又遇敌，即刻将枪折回，单手扎出，迅速攻击对方。

[预备姿势] 成左弓步扎枪。

[动作说明] 左手稍向后滑握，将枪向上、向右绕行折回，两前臂在胸前

交叉，同时左脚里扣，身体右转成马步，接着，左手松开，右手握枪把并向右平扎。

［要求与要点］右臂与枪杆成一直线，力达枪尖。

［练习方法］

（1）结合弓步扎枪进行练习。单手扎枪后立即上左脚做弓步扎枪——右转折回再向身右侧平扎，如此反复进行。

（2）歇步双手持枪，然后上右步做单手扎枪。

［易犯错误］

（1）臂力不够，枪扎不出。

（2）方向偏高或偏低。

［纠正方法］

（1）增强臂力。

（2）扎出要快。

四、拦枪、拿枪

［技击含义］均为防御性方法。拦枪主要用于当对方持械直刺时，由里向外拦格（逆时针）；拿枪主要用于对方直刺时，由外向里拿压（顺时针）。

［预备姿势］双手持枪，贴紧腰部，成半马步。

［动作说明］以左手为主，使枪前段由里向上、向外绕行，枪尖绕10~20厘米直径的圆弧，为拦枪。以左手为主，使枪前段由外向上、向里，为拿枪。

［练习步骤］

（1）半马步持枪，做拦枪的单动作，反复练习。

（2）半马步持枪，做拿枪的单动作，反复练习。

（3）半马步持枪，做拦枪、拿枪的复合动作，反复练习。

（4）半马步持枪，做拦枪、拿枪、扎枪的复合动作，反复练习。

（5）配合上步（盖步上步或插步上步）做行进间的拦、拿、扎枪的连续动作练习。

［要求与要点］

（1）拦枪，拿枪要有力，要配合右手与腰部的力量。

（2）绕圆弧不要太大。

（3）拦、拿、扎枪复合动作是枪术中重要的基本枪法，应重点下功夫练习。

［易犯错误］

（1）两手用力不协调，枪尖未出现圆弧动作。

（2）动作幅度太大，松散无力。

［纠正方法］

（1）以枪尖绕行进行自我检查或相互检查，体会两手与腰的协调用力。

（2）对方用枪或棍假设进攻，以拦、拿防御，体会劲力。

五、挑枪、劈枪

［技击含义］均属攻击性方法。挑枪主要用于挑击对方腋部，挑脱其手中器械；劈枪主要用于劈击对方头部、肩部、臂部。

[预备姿势] 半马步双手持枪。

[动作说明] 左脚撤回于右脚旁，成左丁步，同时以左手为主由前向上挑起，左丁步不变，枪身直立，举于头上方，此为挑练枪。左脚向前跨一大步，右脚随之靠于左脚旁，成右丁步，同时以左手为主，使枪由上向下劈击，举枪时左手心向后，劈下时手心朝上，此为反劈枪。

[要求与要点]

（1）左手臂不可弯曲太大，保持伸直微屈。

（2）上挑和下劈时要有力，力达枪尖和枪杆前段。

[练习步骤]

（1）挑枪单动作反复练习。

（2）劈枪单动作反复练习。

（3）挑、劈复合动作反复练习。以此为重点。

（4）反挑与反劈的复合动作反复练习。

[易犯错误]

（1）幅度太小，劈、挑无力。

（2）手臂过于伸直。

[纠正方法]

（1）假设一目标进行练习。

（2）由同伴配合进行练习，但要注意只须到位，不可伤人。

六、点枪

[技击含义] 属攻击性方法。其主要以枪尖点击对方腕部或手，破坏其进攻能力。

[预备姿势] 半马步双手持枪于腰间。

[动作说明] 右脚上步，靠于左脚旁，成右丁步，同时右手将枪向前送，左手松握，滑把至枪杆后段，两手合力上抬，使枪尖突然向下点击。

[要求与要点]

（1）送枪滑把与向下点枪，两者衔接要紧，不可分开。

（2）向下点枪要短促有力，幅度不要太大。

[练习步骤]

（1）按动作要求单动作反复练习。

（2）与崩枪一起成复合动作，反复练习。

（3）与缠枪、点枪一起成复合动作，反复练习。

[易犯错误]

（1）力点不准，无短促力。

（2）与劈枪不分，下点不明显。

[纠正方法]

（1）强调滑枪后的两手腕动作。

（2）由同伴帮助设一目标，进行点枪练习。

七、崩枪

［枪法用意］属先攻后防方法。其主要用于对方直线攻击时，以崩枪打落对方的器械，或迫使其改变方向。

［预备姿势］右丁步点枪。

［动作说明］右脚后撤一步，重心移至右腿，成左虚步，同时左手松握，右手抽枪把于腰侧，近完成时，左手猛然握紧枪杆，以两手合力，使枪杆前段向上崩颤。

［要求与要点］

（1）左手由松握到紧握的时机要掌握好。

（2）须由柔而刚，用爆发力。

［练习步骤］

（1）可先采用右脚后撤，左脚随后并步于右脚，做站立崩武枪，反复进行练习。

（2）按动作由点枪到虚步崩枪，反复进行练习。

（3）右脚撤步时可腾起后跳，两脚依次落地成歇步时做崩枪。

［易犯错误］

（1）崩枪时两手配合不当，无爆发力。

（2）动作僵硬，枪杆不产生震颤。

［纠正方法］

（1）先做并步站立的崩枪，着重体会两手合力配合的时机。

（2）同伴用棍假设一正面进攻点，练习崩枪拦击，体会力点。

八、缠枪

［技击含义］属先防后攻方法。其主要用于绞缠住对方器械后再做扎枪或点枪等方法的进攻。

［预备姿势］两脚前后开立，双手持枪于腰间。

［动作说明］右脚向前跨一步于左脚前方，同时左手松握，右手将枪略向前送，使右手持枪把于体前；以右手为主，左手为辅，使枪尖做立圆绕行；沿顺时针方向为顺缠，沿逆时针方向为逆缠。

［要求与要点］

（1）两手用力要柔和，枪头和枪把绕圆不同步。

（2）以左手为支点，以右手为主，左手与腰要配合右手转动，不可固定不动。

（3）绕圆高不过肩，低不过胯，直径30~40厘米。

［练习步骤］

（1）两脚前后站立，左脚在前，做原地站立缠枪。

（2）按动作做行进间缠枪，可进可退，一步一缠。

（3）做缠枪数圈后立即做点枪或扎枪的复合练习。

［易犯错误］

（1）动作僵硬，枪把与枪头同时绕圆。

（2）枪头未出现立圆绕行。

[纠正方法]

(1)先原地站立练习,注意左手,身体与右手配合的柔劲。

(2)由同伴在枪头前伸一木棒,要求必须绕棒缠绕。

九、穿枪(穿腰、穿喉)

[技击含义]属边闪躲边攻击的方法。其主要用于变换进攻方向或出其不意攻击对方。

[预备姿势]两脚左右立开,阴把握枪,右手近于枪缪,左手握于枪杆前段。

[动作说明]右手握枪,使枪头顺腹前向右抽;左手松握滑把,重心右移成右弓步,枪撞扎于体右侧;右手屈肘向左抽枪,左手松握滑把,同时成左弓步,使枪滑于左侧前方,高与肩平;上动不停,头部和上体后仰,右手转换为阳手握近枪缨处;上动不停,右手向右抽枪;左手松握滑把,使枪头穿过喉前向右侧平刺。

[要求与要点]

(1.)左手要松活,右手抽拉枪要快速自如。

(2)穿枪时要贴近所穿部位,运行走直线。

[练习步骤]

(1)先原地练习右手抽拉枪和左手的滑把。

(2)穿腰枪单动作练习。

(3)穿喉枪单动作练习。

（4）穿腰、穿喉复合动作练习。

［易犯错误］

（1）穿枪不流畅。

（2）穿枪离腰、离喉等所穿部位空隙过大。

［纠正方法］

（1）做原地抽拉、滑把的适应性练习。

（2）由慢到快，注意穿枪时贴近所穿的部位。

十、背后穿枪

［技击含义］属远距离进攻的过渡性方法，可用于追击时的进攻。

［预备姿势］两脚左右开立，两手持枪于腰间，目视枪尖。

［动作说明］右手握枪屈肘，使枪上抬于胸前；同时以掌心贴住枪把底端，内旋腕，变为阴手握把，右手继续内旋，并将枪把直臂撤向右侧方；两手向上托枪，将枪杆过头，置于身背后；左手松握，右手用力顶推枪把，使枪沿背后穿出；右脚上一步，以左手接住枪把。

［要求与要点］

（1）右手旋腕动作要敏捷自如。

（2）背后穿枪宜直线运行，右手顶推力和左手摩擦力要控制适当。

［练习步骤］

（1）先做原地背后穿枪的反复练习。

（2）先以左手抓握枪把，过渡到右脚上步，右手抓握枪把。

（3）在击步或奔跑中背后穿枪。

（4）穿枪后接拦、拿、扎枪的复合动作练习。

［易犯错误］

（1）旋腕背枪动作不连贯。

（2）右手用力过大，枪落地。

（3）右手用力过小，枪未完全穿出，未超过身体而影响右手接住枪把。

［纠正方法］

（1）加强原地基本技术的练习。

（2）先练左手抓把，逐步加大用力，以右手接枪。

（3）先穿向斜上方，便于接枪，逐渐接近水平穿出。

十一、拨枪

［技击含义］属进攻性方法。其主要用于拨击膝部以下或肩部以上，拦拨对方，为进攻排除障碍。

［预备姿势］两脚开立，两手持枪于身前，枪尖斜向下，离地面20厘米左右。

［动作说明］右脚经左腿后方向左插步，同时左手握枪微向枪前端滑把；右手配合用力，使枪尖向左拨动。左脚向左移一步，同时左手握枪微向枪后端滑把；右手配合用力，使枪尖向右拨动。

［要求与要点］

（1）此枪法可在连续移动中进行。

（2）枪的拨动要轻快、平稳，幅度不要太大。

［练习步骤］

（1）按动作要求一步一拨，来回左右拨枪。

（2）逐步加快移动步法或改变移动方向。

（3）按动作要求将枪身置于胸、腰之间的高度拨枪，步法相同，为平拨枪。

（4）按动作要求，使枪尖稍高于头部，步法相同，为上拨枪。

［易犯错误］

（1）拨枪不平稳。

（2）动作僵硬。

（3）幅度太大。

［纠正方法］

（1）注意左手移动在一个高度，右手相对固定。

（2）由慢到快，左手不要握死。

（3）拨动跟上较快移动的步伐，就会使幅度减小。

十二、云拨枪

［技击含义］属防守、进攻兼用的方法。其主要用于防御上方进攻后进行的反击或拦截。

［预备姿势］两脚前后开立，两手持枪于腰间。

［动作说明］身体右转，同时左手握枪向枪后端滑把，右手握枪上提与胸

高，两手用力使枪由左向右平转。上动不停。两手继续使枪在头上方平转一周。上动不停。两手继续使枪在头上绕行；身体随右转，右脚向前上一步，调左手用力向右推拨枪杆，至右前方时，用力抓握枪杆。

［要求与要点］

（1）动作要连贯，云枪要平。

（2）平拨时要有力，使枪杆震颤。

［练习步骤］先原地进行，然后配合左、右上步。配合转身半周或一周做云拨枪。

［易犯错误］

（1）左手未及时滑把，形同平抢。

（2）动作僵硬，不连贯。

（3）云拨时枪身不平。

［纠正方法］

（1）先慢动作，柔和用力。

（2）由同伴按检查提示进行练习。

十三、扫枪

［技击含义］属攻击性方法。其主要以枪头扫击对方膝、踝、脚等部位。

［预备姿势］两脚开立，两手持枪，右手于腰间枪尖斜朝下，身体向右扭转，成右弓步。

［动作说明］身体再向左转180度，右腿全蹲，成左仆步，同时，使枪前

端由右接近地面，向左平扫。

[要求与要点]

（1）扫枪要平，不可忽高忽低。

（2）边扫左手边向前端滑把，右手向右侧拉开。

（3）动作要迅速有力。

[练习步骤]

（1）可先做两腿开立半蹲，向左右平扫。

（2）由半蹲到全蹲位，左右平扫。

（3）由半蹲到并步全蹲，左右平扫一周。

[易犯错误]

（1）扫枪不平。

（2）速度太慢。

[纠正方法]

（1）注意左手或右手前滑时要控制枪尖的运行。

（2）设一低目标的软物，并要求枪前端必须碰到目标。

（3）注意转身与扫枪的配合用力。

十四、拉枪

[技击含义]过渡性枪法，主要用于劈、点枪的准备和过程。

[预备姿势]与扫枪预备势相同。

[动作说明]上体向左转 90 度，左脚收于体前方成前点步，使枪由右向

左平拉，左手松握滑把于枪身中段，右手屈肘提于右胸前。

［要求与要点］

（1）手、脚、枪的动作要协调一致。

（2）枪杆要贴身，拉的动作不要过大。

［练习方法］

（1）按动作方法练习单动作。

（2）与劈、点枪连成复合动作练习。

［易犯错误］

（1）拉枪不近身。

（2）动作不稳。

［纠正方法］注意滑把与转身的配合。

十五、拖枪

［技击含义］属主动退守的方法。其多用于佯装败势，在后撤中伺机杀"回马枪"。

［预备姿势］两脚开立，右手持握枪把，将枪置于体右侧，枪尖触地。

［动作说明］右脚向左侧前方盖步，连续向左前方行步，枪尖贴地随体移动，目视枪尖。

［要求与要点］

身体要向右侧转，目视枪尖，成撤退之势；左手置于右腋前，以随时准备握枪。

［练习步骤］

（1）按动作和要点做拖枪连续行步的练习。

（2）在拖枪中接做回身劈枪、点枪的练习。

［易犯错误］

（1）拖枪不稳，上下或左右晃动。

（2）上体动作呆板。

［纠正方法］

（1）注意右手部位基本固定。

（2）假设由同伴进攻，佯装拖枪败退，然后回身劈枪。

十六、托枪、架枪

［技击含义］属防御性的方法，主要用于托、架对方击来的器械。

［预备姿势］预备姿势为半马步双手持枪，右脚向右后撤半步成右弓步，同时两手持枪经面前向头上方右斜举架，为架枪。

［动作说明］并步或开步站立，右手持枪屈肘于胸前，左手上托枪杆中段，托平时紧握，为托枪。

［要求与要点］

（1）托枪时枪杆要平，枪尖要震颤有力。

（2）架枪要迅速，左手要滑把拉开。

［练习步骤］按动作要求体会完成动作，反复练习。

［易犯错误］

（1）托枪不平，无力。

（2）上架的位置不当。

[纠正方法] 由同伴假设进攻，托、架对方击来的器械。

十七、扑枪、摔枪

[技击含义] 属进攻性方法。其主要用于劈击对方，或在降低重心变换方法时的一种过渡。

1. 扑枪

[预备姿势] 两手持枪立举于体左侧，成左丁步。

[动作说明] 由上向下劈枪，同时右腿全蹲、左脚出步平仆成左仆步，使枪身接近地面，为扑枪。

2. 摔枪

[预备姿势] 两脚开立，两手持枪横举于头上。

[动作说明] 右手用力向右下劈，右腿屈膝成右弓步，使枪身平摔落地面，为摔枪。

[要求与要点]

（1）扑、摔均要使枪身平落。

（2）摔枪要迅速有力。

[练习步骤]

（1）按动作和要点做单动作练习。

（2）扑枪后可结合低平枪向前扎出，摔枪可结合抛枪练习。

[易犯错误] 扑枪和摔枪不平，枪前端先落。

［纠正方法］先做慢动作进行检查，逐步提高速度和用力程度。

十八、立舞花枪

［技击含义］属防御性的方法，主要用于对对方攻击目标不明时，在防御中伺机进攻。

［预备姿势］双手阳手握枪于枪杆中段，左手在上，枪身直立于体前右侧，两脚微前后开立，右脚略前。

［动作说明］双手用合力使枪尖向下、向体右侧绕圆；上动不停，双手使枪把向体左侧下方绕行，枪尖在体右侧后方向后、向上绕行；上动不停，双手使枪继续在体左侧绕转一周，使枪尖右转至向上方；顺势，双手使枪尖由上向前，向右下方绕行，双手继续使枪尖向上绕行半周，即达预备姿势。以此循环，左右舞花。

［要求与要点］

（1）右手在舞花时注意掌松握，为钳把握枪，这样才能使舞花灵活自如。

（2）切记向体左侧为枪把一端下挂，向体右侧为枪尖一端下挂。

（3）舞花时，枪杆要成立圆，尽量靠近身体。

［练习步骤］

（1）原地左右立舞花，按动作、要点先体会路线和要领。

（2）行进间做上步舞花。

（3）行进间做退步舞花。

［易犯错误］

（1）握中段，两头力量不均。

（2）枪离身体两侧太远，不成立圆。

（3）枪碰腿。

［纠正方法］

（1）由慢渐快。

（2）注意两边下挂，尽量与地面垂直。

（3）站在一条直线上，或者靠近墙练习舞花。

十九、平舞花枪

［技击含义］属防御性的方法。其主要防御对方攻击上部，并在防守中伺机进攻。

［预备动作］两脚开立，左手持枪于左侧平举，右手从左腋下反握枪身，枪身平置在左腋下，枪尖向前。

［动作说明］左手握枪用力向右肩上方弧形摆动，右手握枪向左前用力，两手同时用力使枪由左向右上绕弧形；上动不停，左手握枪继续由右肩上向后、向左平摆动，右手摆至右上方，将枪横举于头上方；顺惯性，左手握枪摆至右胸前至右腋下，向左上方摆动，使枪尖继续向后，向右弧形绕行；右手握枪继续向右平摆，使枪尖继续向后绕行。

［要求与要点］

（1）两手握枪要松活，枪身要平。

（2）舞动时枪身在头顶上平圆绕动，要连续协调。

［练习步骤］

（1）原地按动作路线、方法、要求体会动作。

（2）左右连续接做平舞花枪。

（3）行进间左、右转身，做平舞花枪。

［易犯错误］

（1）枪身绕动不成平圆、无力。

（2）握枪僵硬，枪运行不圆滑。

［纠正方法］

（1）握枪要平，转动要圆、协调。

（2）握枪力度要适中，先放松体会动作，待熟练后再用力。

二十、过背枪

［技击含义］属过渡性方法，用以接出其不意的攻击动作。

［预备姿势］双手阳手握枪中段，左手在上，枪直立于体前右侧，两脚前后开立，右脚在前。

［动作说明］双手用力使枪尖向下、向体右侧绕立圆；左手松把、右手换成阴手握枪，使枪背于背上，枪把在头左侧；上动不停，右手用力将枪向后上方甩起，身体微前倾，使枪从左肩上向前翻过，随即左手在身前接枪，右手握枪。

［要求与要点］

（1）枪在绕圆时，要快速、连贯，枪身尽量靠近身体。

（2）右手发力要及时、协调，身体微前倾。

（3）左手抓枪要准、稳。

[练习步骤]

（1）左右舞花枪练习，接过背枪。

（2）行进间舞花枪，接过背枪，再接上步劈枪练习。

[易犯错误]

（1）枪翻不过背。

（2）脱把。

[纠正方法]

（1）舞枪时要快速，背枪右手后甩要协调。

（2）枪过背时多留出枪把。

二十一、缩枪、撞枪

[技击含义] 缩枪属防守性的动作，主要是躲避对方的攻击。撞枪属进攻性的动作，近距离攻击对方胸、腹部。

[预备姿势] 半马步持枪。

[动作说明] 重心后移，左腿屈膝提起，同时，右手用力向后抽枪，左手直臂滑把至枪缨处，随即右手从把端向杆中滑进，枪平置于胸、腹前，为缩枪。左脚落步成左弓步，双手握枪，用力前撞，为撞枪。

[要求与要点]

（1）右手抽枪，滑把要利索。

（2）撞枪力要达枪尖。

［练习步骤］

按动作方法、要点练习。

［易犯错误］

（1）右手抽拉滑把和左手滑把不利索。

（2）撞枪力点不清。

［纠正方法］

（1）按要领反复练习抽拉滑把动作。

（2）对准目标物，练习撞枪。

二十二、戳、横击把

［技击含义］属近距离进攻动作，主要用枪把戳、横击对方头、胸、肋、腹等部位。

［预备姿势］半马步持枪。

［动作说明］左脚向右脚后撤步成叉步，同时左手握枪向右推进，右手随之向枪杆中段滑动。向右戳把为右戳把，力达把端。

［预备姿势］半马步持枪。

［动作说明］左脚向右侧方迈步，同时右手握枪向后抽拉、左手顺势前滑握；右脚向前上一大步，成右弓步，同时双手用力使枪把由后向前、向左横打，同时右、手微向后滑把，力达枪把前段。

[要求与要点]

（1）戳把要力达把端，用力迅猛。

（2）横击前，右手略向斜下方抽枪，左手略向前段滑把；横击时，右手略向中段滑把，然后握紧，加长进攻距离。

[练习步骤]

（1）原地左右戳把、横击把练习。

（2）结合弓步、马步型及步法组合练习。

[易犯错误]

（1）戳把、横击无力，力点不准。

（2）戳把时，枪离身体太远。

[纠正方法]

（1）按照动作要求慢速练习，体会动作。

（2）设一目标物，用力击打。

二十三、挑把

[技击含义]属近距离进攻性动作，主要以枪把挑击对方。下可挑裆，上可挑下颌。

[预备姿势]前后开立步持枪，左脚在前。

[动作说明]重心后移，左手换阴手握把于枪手中前段，右手滑握于枪身中后段；屈膝左脚提起，同时两手使枪把由后经体侧向前，向上挑出，力达把端。

［要求与要点］枪要靠近身体，两手一上一下用合力。

［练习步骤］

（1）原地左右挑把。

（2）可结合弓、马步等步型练习。

［易犯错误］

（1）挑击无力。

（2）枪离身体太远。

［纠正方法］

（1）假设一目标，反复对准目标用力挑击。

（2）先练慢动作，注意枪的运行。

二十四、摔把

［技击含义］属远距离攻击方法，主要用于劈击对方头、肩等部位。

［预备姿势］两脚前后开立，身体右转，右手握于枪缨处，左手背后握枪，枪身直立，贴靠于身体后背。

［动作说明］身体重心左移，成右仆步；右手握枪，用力由上向下劈击，左手后侧平举。

［要求与要点］摔把要迅速有力，枪身要平落。

［练习方法］

（1）按动作方法和要求练习。

（2）摔把后可按抛枪组合练习。

（3）原地蹬地而起，转体180度摔把。

［易犯错误］摔把枪身不平，枪把先着地。

［纠正方法］先慢动作练习，逐步提高速度和力度。

二十五、涮枪

［技击含义］属远距离攻击性方法，主要以枪尖、枪把扫击对方胸、头等部位。

［预备姿势］半马步持枪站立。

［动作说明］右脚向前盖步，右手换阴手握把，用力向后抽枪，左手前滑；左脚前上一步，同时右手用力使枪由后向前平扫，双手滑握于枪缨处；身体微右转，右手向后抽枪，左手向把端滑把，双手平握枪身；上动不停，右脚前上一步，同时右手用力向左手处滑推，使枪平扫；左脚前上一步，右手向后拉枪，左手向枪尖滑把。

［要求与要点］

（1）枪身要平，不可忽高忽低。

（2）握把要松活自如，不要握得太死。

（3）涮枪时左手前滑把，右手向后抽拉，向前推送滑把时要有力且连贯。

［练习步骤］

（1）按动作方法和要求练习。

（2）行进间跑动涮枪练习。

［易犯错误］

（1）枪身运行不平。

（2）动作不连贯，不利索。

［纠正方法］

（1）按要求先慢速练习，注意双手控制枪的运行。

（2）原地左右手进行滑把练习。

二十六、抛接枪

［技击含义］过渡性动作，可接出其不意地攻击对方的动作。

［预备姿势］右弓步站立，右手握枪把，左手后侧平举，枪身平仆于地。

［动作说明］身体立起，右手持枪微上举，枪尖略高于手；右手用力将枪把向前上方抛起，使枪身向前翻转半周，右手接枪，抓握枪缨处。

［要求与要点］

（1）抛枪立圆不得超过半周，抓接握枪要准确及时。

（2）右手抛枪用力要适度。

［练习方法］

（1）按动作方法和要求练习。

（2）可连续抛接枪把、枪前端。

（3）仆步摔枪，再接抛枪动作，连续练习。

［易犯错误］

（1）枪翻转超过平周。

（2）抛枪太高或太低。

（3）脱把、掉枪。

［纠正方法］

（1）右手用力要适度，向前上抛起。

（2）反复按照要求仔细体会动作。

（3）抓枪时要看准枪的方位，多练习体会。

二十七、翻身下扎枪

［技击含义］属进攻性动作，目的在于攻击身后对手。

［预备姿势］左弓步持枪。

［动作说明］右脚上前一步，两手用合力，使枪向上挑起；身体向左后转翻身，左脚向左移半步，成左弓步；右手握枪用力，向前下方扎出，枪尖着地，左手后侧平举。

［要求与要点］

（1）翻转枪械与身体要协调。

（2）枪需从肩上直出，力达枪尖。

［练习步骤］

（1）按动作方法和要求慢速练习。

（2）按翻身下扎枪要求与拦拿扎枪组合练习。

［易犯错误］

（1）翻身时，枪离身体太远。

（2）力未达枪尖。

［纠正方法］

（1）双手握枪贴近身体。

（2）按扎枪要领反复练习。

（3）设一个目标物练习扎击。

二十八、撩枪

［技击含义］属远距离的攻击方法，用枪尖向前击打对方裆、膝等部位。

［预备姿势］前后开立步持枪。

［动作说明］左脚后移半步，双手滑握枪杆中段稍靠把端，用合力，使枪尖由上向后、向下经体侧向前撩击，力达枪尖前段，此为右撩枪。左撩枪方法同上，唯方向相反。

［要求与要点］

（1）撩枪时枪运行成立圆，并尽量靠近身体。

（2）切记枪尖由下向前向上撩击。

（3）右手可微微随撩出向后滑把。

［练习步骤］

（1）原地左右撩枪。

（2）行进间上步撩枪、退步撩枪。

［易犯错误］

（1）枪身触碰身体或触碰地面。

（2）枪身离身体太远，不成立圆。

［纠正方法］

（1）握枪杆中段稍靠后。

（2）由慢到快，注意用腰配合。

（3）可站在一条直线上或靠近墙练习。

二十九、绕腿换把穿枪

［技击含义］属过渡性动作。

［预备姿势］两脚开立，双手持枪。

［动作说明］右手用力送枪，左手滑把，握于枪把处，右手松开；身体左转、右脚由右向左里合踢腿，右手从裆下接枪，右脚前落。

［要求与要点］

（1）枪要贴近腿部，动作要柔和。

（2）腰、腿随枪转动，身、步、枪要协调一致。

［练习步骤］

（1）先按动作方法和要求练习。

（2）左右腿连续绕腿换把穿枪。

［易犯错误］腿下右手接枪失误。

［纠正方法］

（1）一人抓住枪头一端帮助固定，进行里合腿换手练习。

（2）先做右直摆腿，腿下换手，逐步过渡到里合腿，腿下换手。

第四章　武术套路的训练实践

第一节　身体训练

身体训练水平对运动员的技术、心理、智能的训练水平以及身体机能、身体形态的发展有着重大作用。高度发展的速度、爆发力有助于高难技术动作的完成；良好的身体素质可减少或防止慢性损伤和急性损伤的发生；力量的练习可导致肌肉体积发生相应变化，使身体形态发生适应性变化；全面发展的身体素质有利于运动员全面地掌握运动技术，极大地提高运动技术的训练水平，使其在比赛时发挥稳定并取得优异成绩。可见，系统的身体训练是掌握武术技术的前提与基础。但身体训练水平的高低又受技术、心理以及身体形态等方面制约，如专项耐力的发挥与合理省力的先进技术、战胜疲劳的心理稳定性有关；运动员腿部爆发力的强弱与其足弓的形态特征有一定的联系。在实际训练中，身体训练常与其他因素一起以一种复杂的综合体而出现。

武术中的身体训练是指在武术训练过程中，教练员运用各种练习手段和方法来促进运动员的身体健康，提高运动员的机能水平，全面发展运动员所需要的各种运动素质和基础能力。身体训练可分为一般身体训练和专项身体训练。

一般身体训练在武术训练过程的少年儿童启蒙期、全年训练的过渡期、运动员伤病后的恢复期被广泛采用，而在比赛的准备期及比赛期采用的比重就相对较小。专项身体训练在全年训练的各个时期都被广泛采用，并常被当作学习、掌握武术动作的先决条件和辅助练习，以武术的基本功为主，并结合一些组合练习内容。

随着少儿武术运动员各种能力的不断提高和年龄的增长，专项身体训练的比例逐渐加大，基本功训练的内容增多，难度增大，要求围绕专项所需的各种能力进行训练。

一般身体训练和专项身体训练的目的、手段及作用有所不同，但它们相辅相成，共同服务于运动成绩的提高。

武术运动员的身体训练的主要内容有力量、速度、耐力、柔韧、协调能力等运动素质。

一、力量

力量是指肌肉在用力过程中克服或对抗阻力的能力。运动员的力量水平取决于多种因素，如肌肉的生理横断面，红、白肌纤维的比例，参加工作的肌肉群数量，肌肉群收缩的协调能力，中枢神经系统发放冲动的强度与频率，等等。运动员任何技术动作的表现都是通过肌肉工作来实现的，武术运动员技术成绩的好坏和肌肉力量的发展水平有直接的关系，速度、耐力等一些其他素质的发展也受力量素质的影响。因此，力量是身体训练水平的重要指标。

力量根据不同的标准可作不同的划分。

（一）动力性力量与静力性力量

根据肌肉收缩的形式，力量可分为动力性力量和静力性力量。动力性力量是指肌肉做等张收缩时所产生的力，即肢体产生明显的位移，使人体或器械产生加速度运动的力。动力性力量又常通过两种不同形式的肌肉收缩而产生，即向心的克制性收缩和离心的退让性收缩。武术中的大多数跳跃动作都是通过动力性力量来完成的，其中动作的起动，如腾空飞脚起跳是克制性收缩，而落地缓冲主要是退让性收缩。因此，在发展动力性力量时既要注意克制性的向心收缩，也要注意退让性的离心收缩。

静力性力量是指肌肉作等长收缩时产生的力，即肢体维持或固定于一定的位置和姿势，不产生明显的位移运动的力，如朝天蹬、燕式平衡等。静力性力量虽不如动力性力量在武术中普遍运用，但对于完成持久平衡、难度动作以及提高动作质量仍是十分重要的。

（二）绝对力量和相对力量

绝对力量是肌肉收缩时所能克服最大阻力的能力，通常称为"力量"或"最大力量"。相对力量是指运动员的绝对力量与其体重的比值，可见相对力量受绝对力量和体重两因素的影响。当体重保持相对稳定时，绝对力量越大，相对力量就越大。反之，若绝对力量不变，体重的增加或减少都会引起相对力量的下降或增加，即体重与相对力量成反比。武术从某种意义上讲是在空间活动自己的体重，这正是武术运动员身材适中和保持体重相对稳定的重要原因。

对于青少年运动员的基础力量训练，发展绝对力量是可行的，但对高级运动员不宜过多采用。高级运动员主要依靠肌肉内协调和肌群间协调来增加力量。这种方法不会使肌肉体积增大，所以更适合武术项目的特点。

（三）速度力量和力量耐力

根据肌肉收缩的时间长短，力量可分为速度力量和力量耐力。

速度力量是指肌肉在尽可能短的时间内发挥出最大力量的能力。快速用力（爆发力）是武术动作系统中肌肉用力的主要方式之一，故速度力量对武术运动员（特别是少年运动员）极其重要。速度力量具有速度和力量的综合特征，它的提高受这两种素质的制约。在训练中常结合专项动作采用一定负荷量的快速练习或通过增加最大力量练习来提高运动员的速度力量。

力量耐力是指运动员克服一定的外部阻力，坚持尽可能长的时间或重复尽可能多的次数的能力。武术竞赛套路是在 80 秒的时间内完成的，以无氧酵解供能为主，因此对力量耐力要求高。力量耐力的训练任务与武术专项耐力的训练任务应是一致的。

武术项目要求运动员表现得快速勇猛、刚劲有力。从技术动作的用力方式上，可分别表现为快速用力（爆发力）、静止用力（定势动作、平衡动作）、缓慢用力（过渡动作、表现身法的动作）。根据武术项目的特点，运动员不仅要进行快速的力量练习，有时还需进行一些静力练习，如站桩、控腿、持久平衡等。

（四）发展力量的常用方法

1. 上肢

（1）推撑力量练习

人体参加推撑工作的肌肉主要有胸大肌、斜方肌和肱三头肌等。增加这些肌肉的力量的方法有以下几种：

①俯撑类：包括手脚在同一平面的俯卧撑、脚置于高处的俯卧撑、俯撑击

掌及"推车"等。这类练习要求身体正直，屈臂时两肘向后靠近体侧，胸部接近地面；伸直臂时，尽量将身体撑起，不可塌腰。

②手倒立类：包括正靠倒立、反靠倒立、控倒立、推倒立及倒立爬行等。

③持重练习类：包括卧举、坐举、颈后推举、持哑铃冲拳、哑铃八字操等。

（2）悬垂拉引力量练习

人体参加悬垂拉引工作的肌肉主要有背阔肌、胸大肌、喙肱肌、肱二头肌、三角肌、肩胛下肌、冈下肌和大小圆肌以及前臂的屈指肌群等。增加这些肌肉的力量的方法有以下几种：

①引体向上：可静止或小摆动做，也可用不同的握法做，引体至胸与杠齐平或引至颈后与杠齐平。

②爬绳或爬杠：有手脚并用的爬绳（杠）或只用手的爬绳（杠）。通常采用固定高度计时的方法以培养其速度力量。

2. 躯干

（1）腹肌的练习

①仰卧起坐：运动员仰卧在垫上或斜板上（头在低处），两腿伸直，两臂前举或抱头，上体前屈至手触脚面或头触胫骨部。

②仰卧举腿，另一人将举起的腿向下推。

③仰卧两头起：两臂上举，上起时手要触及脚背。

④肋木或单杠悬垂举腿，收至脚背触手握的横杠。

⑤高低杠练习，手握高杠悬垂举腿，同时绕越低杠。

⑥直角悬垂控制不动。

（2）背肌的练习

①俯卧起上体：两手抱头后，另一人按其小腿。可在地上做，也可在横马上做。

②上体俯卧在纵马上，两手抱马身下部，两腿伸直向后上方摆起。腿部可加负重物。

③头和脚分别置于凳上，仰卧静力练习。腹上可放重物，身体始终平直。

（3）侧屈肌群的练习

练习者侧卧在地上，另一人按住腿做连续侧起。

3. 下肢

武术中的跳跃动作要求快速有力，达到起跳轻松、腾空高飘的程度，这就要求运动员有很好的弹跳力。因此，腿部力量训练的重点是弹跳力训练。腿部弹跳力训练方法有以下几种：

（1）原地连续纵跳。

（2）单脚或双脚连续跳10~20米的距离。

（3）立定跳远。

（4）原地跳起腾空时团身，使大腿靠近胸部，上体保持正直，接着迅速伸展落地。连续练习。

（5）跳绳。短绳的单脚跳、双脚连跳、双脚双摇跳等。

（6）击步摸高、击步冲顶吊球、击步连续直体跳及各种转体跳。

（7）跳深练习。从40~50厘米高的高台跳下，立即向上跳起。连续跳8~10次。

（8）双脚负重连续跳或跳越障碍物。

（9）肩上负杠铃或他人，做提踵练习，手扶肋木或墙。连续练习。

力量练习的方法和手段有很多。在选择练习方法和手段时，首先，应考虑发展何种类型的力量。如要发展速度力量，可采取规定一定次数计时的方法，如仰卧两头起 10 次计时；如要发展力量耐力，则可计运动员 10 秒或 20 秒完成该练习的最多次数；如要发展退让性力量，可选择引体向上、慢落跳下、跳深练习等。其次，要考虑不同部位的力量练习交替进行，如上肢和下肢交替、腹肌与背肌交替。这样既可避免局部负担过大而造成疲劳，又可以提高练习的总效果。

二、速度

速度是人体快速完成动作的能力，它包括反应速度、动作速度和位移速度。速度素质主要取决于中枢神经系统兴奋与抑制的转换速度，红、白肌纤维的比例（白肌纤维快）以及 ATP（腺嘌呤核苷三磷酸）的含量及分解再合成的速度。因此，速度素质受遗传因素的影响较大。

（一）动作速度和位移速度

速度素质是武术运动员的基本素质之一，尤其是动作速度，是充分发挥武术技术动作的保证，决定或影响着武术运动员技术水平的高低、竞技能力的强弱及比赛的胜负。少儿神经系统灵活性较高，身体结构和机能可塑性较大，有良好的适应速度性训练的生理条件。因此，提高少儿武术运动员的快速反应能力对完善武术技术动作有着重要意义。动作速度一般通过武术动作练习来培养，它的特点是规定较少的动作次数，要求运动员以最快的速度完成。

1. 单个动作系列重复法

练习时，一般选择主要的、典型的、有代表性的并被运动员熟练掌握的动作，在不破坏正确技术的前提下进行。发展速度的练习要求用极限或接近极限的速度来完成每一次动作（重复动作），并力求动作发力快、力点准，尽量缩短完成动作的时间，如以最快速度完成若干次抢拍、拍脚、踢腿等；也可以增加练习难度，最大可能地使运动员的动作速度得到提高。在练习过程中，一旦队员出现技术变形，教练员应马上令其停止练习，变换练习内容。也可采用变速的系列重复法即采用定量计时的方法，如连续正踢腿 10 次/秒、连续左右乌龙盘打 8 次/秒、连续俯卧撑 5 次/秒、仰卧两头起 10 次/秒、悬垂举腿 10 次/秒等。也可采用定时计数的方法，如规定 10 秒内必须完成多少次枪花、棍花、拦拿扎枪等。练习时运动员要保证动作速度不因疲劳而下降，教练员可给予助力以加快速度，一般不负重。对动作速度的要求，要逐渐达到最快并超过平时具有的习惯速度，使动作速度的提高通过专项技术动作表现出来。在进行快速动作练习时，要求运动员中枢神经系统有较高的兴奋性。因此，速度的练习应安排在课的前半部分。为调动少儿运动员练习的积极性，可采用比赛法等形式，并要不断变换练习的部位（上下结合）和练习的内容（徒手或器械），掌握好合理的练习时间，重复次数过少或过多都不利于动作速度的提高。

2. 条件刺激练习法

条件刺激练习法是利用声响、灯光等信号提供必需的动作节奏，以控制动作速度的变化，也是武术快速能力训练经常采用的方法之一。条件刺激就是给运动员一个已知的信号，使运动员根据信号改变练习的速度或节奏。教练员通常采用击掌、口令等给运动员提示，使运动员加快完成动作速度，直至动作速度达到最大，以提高动作速度的练习效果。

武术运动员的动作速度还表现为快速完成若干连贯动作的速度——组合速度。发展组合动作速度要在熟练的基础上，从连贯能力入手，把突出动作和紧凑连贯快速的动作组合筛选出来进行组合速度练习，逐步缩短完成动作的时间，加快动作转换速度或加快完成技术动作节奏。为提高训练效果，教练员要提示运动员哪些组合动作快、哪些地方该加快完成动作的速度、哪些步法移动得更快，并且在练习时给信号刺激，使运动员建立组合运动表象和节奏感，以获得最佳的速度练习效果。

3.完善技术动作、提高动作速度

武术运动员的专项动作速度在很大程度上取决于完善的动作技术。运动员只有掌握正确合理的技术要领，建立良好的肌肉运动感觉，使肌肉紧张—放松交替进行，灵活快速，最大限度地减小肌肉工作的阻力，善于轻松协调地完成动作，才能够充分发挥已有的速度能力。因此，可通过改进技术动作来提高少儿武术运动员的快速能力。

武术运动员的位移速度主要是通过行步或冲刺跑来培养的，常用的方法是10~20米、20~30米的短距离跑和弧形步、各种助跑接跳跃。除在水平的跑道上进行练习外，还可采用"引跑""追跑"、比赛以及上下斜坡跑等形式来培养位移速度。

（二）速度训练时的注意事项

在发展速度素质时，首先要注意练习的强度、重复的次数、组与组之间的间隔时间以及身体的恢复情况。根据运动时人体供能的特点，速度性练习主要以 ATP-CP（磷酸原系统）供能为主，时间为 8~10 秒，以极限强度完成。每组练习后的休息要能够使运动员的身体机能得到完全恢复，而后才能开始下一组练习。此外，在速度训练中要注意防止速度障碍（速度增长停止甚至下降）的产生。其预防措施是在一定阶段内减少速度练习，而增加速度力量练习及其他一般素质练习和专项素质练习的分量。避免进行单调枯燥的练习。

武术中的速度训练常融于武术技术动作。对初学者，教练员应特别注意完成动作的正确姿势和跑步的正确技术，在此基础上才能进一步要求运动员提高练习的速度。

三、柔韧

柔韧是指人体各关节活动幅度的大小以及肌肉、韧带的伸展能力。它是武术运动员应具备的重要素质之一，对动作完成的质量和高难度技术动作的掌握有着直接影响。良好的柔韧性不仅是完成动作的基础，而且使动作更加舒展、优美，可减少运动损伤的发生。柔韧的好坏取决于关节的构成、肌肉和韧带的弹性、神经肌肉的调节过程、训练水平以及周围空气的温度等，并与运动员年龄有一定关系（年龄越大，柔韧性越差）。

发展柔韧素质的方法有两种：被动的和主动的，也称消极的和积极的。被动的柔韧练习是指依靠外力的作用促使关节的活动幅度增大，这一方法可使柔韧指标迅速提高，但与实际应用有一定的距离，运动员承受的疼痛感较强。主动性柔韧练习是指通过与某关节有关联的肌肉的收缩来增加关节灵活性的方法。这一方法与专项动作的表现形式相一致，易于体现在武术技术动作之中，但要在原有柔韧水平的基础上进一步提高比较困难。由于这两种方法各有利弊，在武术练习中多被综合采用。

根据武术的特点和要求，运动员要着重发展腕、肩、腰、腿、踝的柔韧性。

（一）腕肩胸部柔韧性练习

1. 腕部柔韧性练习

（1）面向墙或肋木站立，掌心对墙，压手腕。

（2）自己一手握住另一手，向手背方向推压，然后做立掌并保持一段时间。

此外，还有一些发展腕关节柔韧性的方法，如运动员自己一手掰另一手前屈、后伸；蹲立，两手撑地，重心前移，使腕过伸等。

2. 肩胸部的柔韧性练习

其方法主要有压、拉、吊、转等几种。

（1）面向肋木或墙站立，两手扶在同髋高的位置上，体前屈，挺胸，低头或抬头，上体向下振动（同伴可加助力），使肩角拉开。

（2）背对肋木站立，两臂上举（侧举），两手握肋木，抬头挺胸向前挺，使肩角拉开。

（3）背对肋木悬垂，另一人用背顶练习者的背，帮助练习者挺胸拉肩。

（4）单杠正握悬垂，身体从两臂间向后翻转，利用身体重量反拉肩。

（5）背对肋木站立，双手向后反握，昂头挺胸下蹲，利用体重反拉肩。

（6）俯卧在地上，两臂伸直上举，同伴将实心球置于练习者背部，并用膝顶住球向前下方用力，同时两手握其肘部向后上方拉。

（7）转肩练习。可握棍、绳或橡皮筋等物，两手间的距离可因人而异，随柔韧性的提高而逐渐缩短，直至两手相握可同时向前或向后转肩。

（二）躯干部柔韧性练习

1. 体前屈

它取决于大腿后群肌的弹性和髋关节的灵活性。

（1）两腿并拢直立体前屈，两手握踝或抱腿，并保持一定时间。

（2）两脚站立高处体前屈，两手尽量下伸。

（3）分腿站立体前屈，上体在两腿中间连续弹振，两手向后伸。

（4）练习者坐于地上，两腿侧分置于30~40厘米高的长凳或垫上，上体尽量前屈，同伴按其背部下压。

以上这些练习都要求两腿伸直，上体尽量贴近两腿。

2. 体后屈

（1）仰卧成桥。要求臂、腿伸直，肩拉开。

（2）分腿站立向后下腰成桥。随着训练水平的提高，手脚距离逐渐缩短直至手可握住两踝，头触臀部。

（3）甩腰。可站立向后甩腰成桥，也可一手扶杆，一手上举向后甩腰。

（4）吊腰。分腿或并腿站立，两臂上举，上体向后弯屈到一定程度后停住，并保持一定时间。

（三）腿部柔韧性练习

腿部柔韧性训练主要是发展腿部的前、侧、后肌群的伸展性和迅速收缩的能力以及腿、踝关节的灵活性。经常采用前、侧、后等三个不同方向的压、搬、踢、控、劈腿等方式来进行练习。

1. 髋关节及大腿肌群柔韧性的练习

（1）压腿。要求腿直、腿正。常见的有前压、侧压和后压。可将一腿置于肋木上进行。

（2）搬腿。由教练员或他人把一腿搬起加助力按压，向前、侧、后不同方向搬腿。运动员可背对墙、肋木站立练习，也可躺在地上，另一人将其一腿按住搬另一腿。

（3）踢腿。踢腿的方式很多，如扶把原地踢、行进中踢等。要求支撑腿直立，全脚掌着地，上体正直，两臂成侧平举或双手叉腰。从方向上看，除常见的正、侧、后踢腿外，还有混合轴方向的踢腿，如十字踢腿、里合腿、外摆腿等。

不论何种形式的踢腿，都要求用脚背带动快速有力地踢，有控制地轻轻落下，支撑腿立直站正。外摆腿时臀部要向前顶，开髋。

（4）控腿。训练支撑腿稳定重心及被控腿在空中的控制能力。要求力量从大腿一直延伸到脚尖，直膝、立腰。有前、侧、后三个方向的控腿。

（5）劈腿。前后劈腿要两腿伸直，臀部着地，上身正直；横劈腿要开胯，两腿在一条线上，上身挺直，立腰。

2. 踝关节柔韧性的练习

（1）直角坐。用力绷脚面或加外力下压脚面。

（2）跪坐。上体后倒躺在地上，并停住保持一定时间。

（3）两腿前后站立成弓步，后脚向前，保持全脚掌着地，向下振压踝关节。

（4）对墙站立，将一脚跟置于墙根，脚掌抵住墙，以此振压踝关节。

柔韧训练应从儿童抓起，长期进行，每天安排。不仅要注意发展运动员较差部位的柔韧性，也应加强最佳部位的练习，使运动员在该部位表现出特别的优势。柔韧练习常安排在早操、课的准备部分和结束部分进行，常与其他性质的练习，如力量、速度、灵巧等交替进行。进行柔韧性训练时，要先进行一定的准备性练习，练习幅度由小到大、由静到动、由慢到快。进行被动性练习时，外力要由小到大，并控制在一定的限度内，应不违背解剖结构特点，以免出现肌肉、韧带拉伤及关节损伤。

四、耐力

耐力是指有机体克服工作过程中所产生的疲劳的能力。它可分为一般耐力和专项耐力两种。

（一）一般耐力

一般耐力是运动员有机体的各器官系统机能的综合表现，是在一般活动中表现出来的一种长时间工作的能力，是专项耐力的基础。一般耐力训练可提高心血管、呼吸系统的机能，使运动员具有健康强壮的体质，为训练荷量的增加准备条件，为发展专项耐力打下基础。一般耐力练习常采用的方法有以下几种。

1. 连续训练法

发展少儿运动员的耐力素质，通常运用连续训练法，如采用匀速持续跑的练习发展有氧耐力，并常以脉搏频率为指标，控制练习的强度。一般认为，心率在130~170次/分为适宜状态，运动结束5分钟应恢复到120次/分以下。采用的手段有：

（1）越野跑。

（2）3~5分钟连续跳绳。

也可采用变速持续跑发展有氧耐力，心率指标控制在120~140次/分、140~160次/分、160~180次/分对发展有氧耐力效果较好。练习成为保持有氧耐力—提高有氧耐力—最大限度提高耐力的过程。采用的手段有：

（1）400米（速度耐力）或800米、1500米跑。

（2）球类运动，如篮球、足球等。

进行无氧耐力训练时，练习的内容、形式和能量代谢的特点要考虑武术项目对无氧耐力的需求，如常采用短距离跑、400米变速跑等。或者把各种不同的素质练习编成套路进行练习，并要求运动员在一定时间内完成一定的数量。随着训练水平的提高，运动员练习的负荷强度要随之增加直至最大。

2.间歇训练法

间歇训练法是指运动员在进行一定的练习之后，严格按照间歇时间进行休息与练习的方法。这是发展耐力常用的训练方法。练习的强度为75%，心率为170~180次/分，间歇时间由长而短。重复次数少，如100米、200米、400米间歇跑等。

（二）专项耐力

专项耐力是指武术运动员在训练或比赛所要求的时间内，最大限度地发挥运动员的机能能力、克服专项负荷所产生的疲劳的能力。

武术运动员在专项训练中，必须逐步适应和承担较大负荷的运动量与强度，克服随之产生的身体疲劳，以最佳技术完成训练任务，为比赛时创造优异成绩提供体力保证。因此，必须通过专项耐力训练，发展专门耐力素质，提高武术运动员抗疲劳的能力，建立专项耐力储备。发展武术运动员的专项耐力，有以下几种基本方法：

1. 重复训练法

这是武术训练经常采用的一种发展耐力的方法，如重复进行分段、整套、超套训练等。采用重复训练法，既可提高动作和套路的熟练程度，又可提高专项耐力和合理分配体力的能力，是一种发展专项耐力的有效方法。在重复进行分段、半套或整套练习时，要合理掌握间歇时间，尤其是在进行成套练习时，强度较大，每次练习后都要得到充分休息直至完全恢复。重复练习的次数应随训练水平的提高而增加。进行重复训练时，在练习的时间和强度上，要尽量使武术项目所需要的供能系统获得必要的能源储备。训练时要避免简单机械的重复，练习的内容要搭配合理，要对训练不断地提出新的、更高的要求。

2. 间歇训练法

间歇训练法是一种严格控制练习之间的间歇时间，在运动员机体未完全恢复的情况下就进行下一次（组）练习的方法。采用间歇训练法，可有效地提高有机体的机能能力，发展专项耐力，如间歇进行1/2段、3/4段、整套练习。采用间歇训练法发展专项耐力素质，要根据少儿武术运动员的训练水平安排间歇时间、负荷和强度。

3. 模拟比赛

模拟比赛是武术训练发展专项耐力使用的方法。模拟比赛法是按比赛的要求进行的专项练习，负荷量以极限强度完成练习为主。因此，能够有效地发展专项耐力和合理分配体力的能力，充分调动运动员练习的积极性，培养其良好的心理品质。

专项耐力训练常与各项技术训练结合在一起，各种运动素质并不是独立存在和发展的，它们之间是相互影响、相互促进和相互制约的，根据各项的特殊要求来选择练习内容、确定练习时间和次数。因为各种运动素质都是在中枢神经系统的控制下通过肌肉活动表现出来的，所以某种运动素质在发展的同时，必然对另一素质产生影响。

一般耐力和专项耐力的训练比例根据不同的训练期、不同的训练对象而有所不同。在少年儿童期，一般耐力训练比例较大，而随着训练水平的提高，专项耐力训练则逐渐增多；在全年训练的过渡期和准备期的早期，一般耐力训练较多，而在准备期的后期和竞赛期以专项耐力训练为主。

五、协调能力

协调能力是人体各种机能的综合体现，是指运动员有机体的各部分在时间和空间里相互配合、合理有效地完成动作的能力。在武术运动员训练中，协调能力是掌握武术技术动作的基础，是武术运动员不可缺少的一项重要的素质，是上述各项运动素质服务于技术动作的保证。武术运动是一种表现难、新、美的项目，对运动员的协调能力有较高的要求，如手、眼、身法、步法协调完整，内在意志和外在动作的协调配合，器械的演练要求身械协调自然。通过内外协调，即内在的意识和外在的方法协调完整，从而达到内外高度的完美统一，表现出武术特有的意境。因而，在早期发展武术运动员的协调能力，对于掌握技术、提高运动成绩有重要意义。

协调能力中起重要作用的是神经协调，而神经协调是先天的，因此协调能力受遗传因素的影响很大。同时协调能力和运动员素质发展情况、条件反射建立的数量有关，运动员素质越好，条件反射建立的数量越多，就越有利于协调能力的提高。协调能力与运动员的个性心理特征和年龄特征有关，如神经类型、思维的敏捷度以及注意力集中程度都对协调能力有影响，不同年龄的协调能力发展有所不同。

1. 培养武术运动员的协调性有下列途径

（1）培养多种运动能力

协调能力具有先天的因素，如在后天给予恰当的训练，协调能力也能达到较高水平。培养武术运动员的协调能力，应从培养他们的各种能力入手，让运动员尽可能地学习、掌握武术各类型技术的基本动作、基本组合，通过经常变换准备活动、身体训练手段以及技术动作的组合，使运动员在不习惯的条件下工作，从而提高运动员身体各部位和不同肌群协同工作的协调性。同时，运动员掌握的动作技术类型越多，基础条件反射建立的越多，动作技能迁移就越容易，协调能力就越能得到更好的提高。如经常采用徒手或器械的追逐性游戏，具体可有如下类型：

①采取游戏的方式使练习有趣化和复杂化。以游戏的形式出现的以跑、跳、爬、步法移动为主的练习形式。这是训练早期经常采用的练习方式，如贴人、捕鱼和跑的接力等，可以提高反应能力。这一练习方式将信号作为条件刺激，使运动员做出快速的应答，以发展他们的反应能力，如报数游戏等。

②培养模仿能力的练习形式。通过体操、舞蹈等动作练习，发展运动员的各环节在时间上的协调配合能力。

③掌握多种项目技术能力的练习形式。协调能力与运动员掌握的基础条件反射的数量和经验有关，所以使他们掌握不同项目的多种技术动作也有助于其协调能力的提高，如足球的传球接力游戏、实心球游戏等。

（2）注意提高保持平衡的能力

武术竞技套路由几十个不同组别的动作构成，各个套路的演练又时常呈现出起伏转折、蹦蹦跳跳、快如风、静如岳的气势，这就要求运动员具有良好的控制平衡的能力，以保证高低起伏时重心的稳定和技术动作的准确协调。在进行身体训练时，可通过条件变化提高运动员的平衡能力，并培养其协调性，如在锯末跑道上左右交换跳，前后左右单、双脚跳，跨越障碍（球和衣服），摸瞎游戏，等等。

发展协调能力的各种练习应逐渐增加复杂程度，并注意培养少儿武术运动员的时空感和定向能力。由于协调性练习要求队员注意力高度集中，易产生疲劳，所以训练应安排在课程的开始部分，训练时间不宜过长，重复次数不宜过多，练习中间应有足够的休息时间。

2. 可通过专项的手段提高武术运动员的专门协调能力

（1）培养肌肉合理用力能力

武术技术动作的协调完整和运动员完成动作过程时的适宜、合理用力是分不开的。这就要求运动员在进行基本技术练习时，肌肉的用力要根据技术动作的具体要求进行收缩和放松，该紧张的紧张，该放松的放松，合理配合、交替灵活，使动作流畅、协调、自然。发展少儿武术运动员的协调性，可先从简单的练习做起，教练员通过讲解（动作路线、起止点、用力肌肉）和示范（干净利落、准确）使学生建立正确的动作表象，并通过慢动作或速度不太快、强度小的重复练习，使学生有意识地集中注意去体会用力顺序和相应肌肉的紧张与放松，以发展肌肉协调用力能力，掌握合理的用力方法。身械协调性及技术复杂多变的武术动作也可通过以上途径，使运动员最大限度地体会完成动作时相应肌肉的用力感觉。练习速度逐渐加快，强度逐渐加大，可以增加肌肉用力的精确分化程度。在发展肌肉合理用力能力的同时，还要注意培养运动员做动作的时空感（用力的时机和肢体应达到的空间位置）和平衡能力。

（2）掌握更多的技术动作

协调能力与少儿武术运动员所掌握的基础技术条件反射数量有关，所以使运动员掌握更多的动作技术，也有助于协调性的提高。在训练中，应不断给年龄小的运动员传授新的、更多的动作技能，年龄大的运动员通过学习各种不同风格、不同流派和技术表现各异的拳术或器械，发展协调能力。

（3）增大练习难度、增加技术复杂程度

发展少儿武术运动员的协调能力，也可通过变换速度、节奏的练习。例如，改变已有组合的习惯节奏，重新对速度提出要求并改变动作频率；变换练习的条件，如场地、器械等；增加异侧肢体练习次数和掌握器械能力等，以发展专门协调性。

第二节 心理训练

一、系统训练过程中的心理训练

（一）培养运动员对训练的良好动机和态度

良好的动机包括动机的力量和动机的特点两方面。渴望取胜动机特点的运动员在认识、情感，意志各方面都具有高度的心理积极性、心理活动的紧张度。他们可承受大运动量训练，可制止较早发生的体力和神经心理等方面的疲劳。反之，当运动员达到目标的动机不高并缺乏力量性特征，满足于现状时，则会出现与上述特征相反的现象。

良好的训练态度需要通过长期心理训练加以培养。实践证明，有些天才运动员未能达到很高的技术水平便过早地被淘汰，有些运动员虽在生理机能方面已具备了承受大运动量训练的能力，但训练中却坚持不了。这是因为他（她）们对武术多年的、艰苦的、长时间的训练特点，在心理上准备不充分造成的。所以，有目的地培养运动员对训练的良好的动机和态度是提高其素质的重要方面。

（二）培养运动员坚强的意志品质

意志是人们为达到既定的目的，通过行动表现出来的自觉克服困难的心理过程，它与运动员良好的动机水平和态度有着直接的关系。武术运动员应特别注意培养自身坚定的目的性、坚持精神和自我控制力、勇敢和果断、倔强和顽强、主动性和独立性等品质。这些品质是获取最佳成绩必不可少的。

武术套路运动员所要演练的各种具有攻防意识的技击动作，是在比赛高度紧张、竞争异常激烈的条件下进行的。比赛过程中心理活动与生理机能活动变化大，动作演练动静相生、刚柔并用、快慢相间，运动甚为剧烈，机体要忍受生理和心理的极度紧张；而比赛时的评分常常起伏不定，顺利与困难常常并存且迅速转化；场外的观众又表现出各不相同的态度与评价，这些复杂的现实与运动员对比赛意义的认识、表现的水平以及当时的生理、心理状态是交织在一起的。因此它要求运动员在鲜明强烈、丰富多彩和复杂多变的情感体验中形成情感状态的高度稳定性、自我控制能力和始终保持积极的情感状态，以及一系列专项运动活动所必需的意志品质。

武术运动员训练周期长，因此要求从少儿抓起。因为少年运动员的心理发育尚不成熟，心理状态尚不稳定，心理素质发展也不平衡，所以很容易因某个动作或某次比赛、训练不好而形成心理障碍；或因某个动作或某次比赛、训练的成功而产生沾沾自喜、自以为是的心态。少年运动员的这种心理状态需要通过意志品质训练加以克服，从而提高自我控制、自我监督、自我评价的能力。例如，对青年和优秀选手意志训练的重点应该放在克服因年龄增长带来的一些困难的意志训练上。

（三）培养运动员良好的个性特征

个性心理特征是一个人的各种心理活动特征的综合，是一个人的认识、情感、意志以及动机、能力、气质、性格等的相对稳定的统一，它标志着人与人之间的心理差异。个性心理特征是在个体遗传素质的基础上，通过个人的社会实践活动形成和发展的，又通过人的各种心理活动和行为表现出来，制约着人的心理活动。

武术运动员的个性心理特征，是指武术运动员的各种专项运动心理特征的综合，是在少儿运动员已有的个性心理特征的基础上，通过长期的专项训练和比赛得以形成和发展的，又通过运动员的各种专项运动表现出来，制约着少年运动员专项运动的各种心理活动。武术运动对精神特性、气质类型和性格特征都有一定的要求。从精神运动的特性看，从事武术运动的运动员必须具备强的、灵活的和平衡的神经过程。从气质类型来看，人的气质类型是以个体的精神运动的特性为基础的，是精神运动特性在人的行为方面的表现。根据武术运动员的精神运动特性，在四种典型的气质类型分类中，胆汁质、多血质、黏液质及其中间型都适合武术运动的特点，其中多血质和以多血质为主的胆汁质，或黏液质的中间型为最理想的武术运动员的气质类型。从性格特征来看，性格特征是一个人对待现实的态度和行为方面较为稳定的心理特征。武术运动的活动结构、活动条件以及专项训练和比赛的特点，决定了优秀的武术运动员必须具备的性格特征。在对待现实的态度方面，对待专项运动的态度具有目的性、事业性、主动性、独立性和创造性等特征，对待集体与他人的态度具有集体主义精神、同情心、坦率、原则、热情与急公好义等特征，对待自己的态度具有自我批评的精神、自尊心、自律性、谦虚和克己等特征，在行为方式方面具有外向、聪慧、富有才识、理智性强、独立积极、机警果断、情绪稳定、自律严谨、精明能干以及自立自强等特征或品质。

实际上，最优秀的运动员也会在某些方面存在不足，但他们可以通过其他的心理素质得到补偿。因此，心理学家和教练员还必须注重研究和提高运动员心理素质的补偿机能。

武术运动员的个性特征与工作能力、运动成绩有密切关系。

个性与工作能力的关系：具有良好的个性特征的运动员，其工作能力能保持在较高的水平，甚至在情绪相当紧张的情况下也是如此；而当运动员对达到目标的动机性不高，且满足于现状时，便会产生诸如冲动、固执、依赖性、情绪低落及没有取胜的欲望等消极的个性心态，其结果必然影响他们的工作能力。

个性与运动成绩的关系：属于黏液质和多血质气质类型的运动员不易惊慌，心理稳定性高，有着坚强的意志品质，精力充沛，善于思考，注意力集中。这些特征是与武术项目的特点相适应的，因此，有利于提高成绩。而属于胆汁质、抑郁质气质类型的运动员的情况则相反。

（四）提高运动员的专项心理素质

肌肉运动感觉：武术是身体姿势不断变化的运动，因为武术动作的幅度、速度、节奏、肌肉用力的大小、运动方向以及动作与动作的联系都有严格的规定，对身体各部分肌肉用力的敏感度与准确性的要求也很高，所以在武术训练中肌肉运动感觉具有很特殊的意义。肌肉运动感觉的感受性愈高、愈敏锐则愈能有效地领会动作要领和及时纠正错误。实践证明，如果单独依靠触知觉去练动作或矫正错误动作，不但会影响动作掌握的速度，还会难以把握武术动作的内涵。为了正确地反映动作的各个细节，武术运动员必须借助于动觉和视觉提高感受性。只有在视觉和动觉形成条件联系的情况下，武术运动员才有可能提高掌握动作技能的速度及动作节奏的变化。

平衡觉：在武术训练中，武术运动员在做各种类型的摆动、转体、跳跃、定势、平衡等动作时，为维持身体平衡，必须借助平衡觉。需要特别指出的是，定势及持久平衡的稳定性与比赛成绩的好坏有很大关系，而稳定性的好坏则与人体平衡觉的发展有一定的联系。因此，平衡觉是武术项目的一项重要的心理素质。

空间、时间知觉：武术运动员的动作时间估计是对动作转换速度和节奏的反应。高质量的武术动作对身体运动的各要素要求很严格。在武术训练中，运动员要判断出动作的速度与时间变化、动作交替转换的节奏等时间知觉；要辨别出身体各部位在空间的位置、距离、方向、轨迹等空间知觉，就必须依靠人体各种分析器协调活动，反馈调节动作和身体姿态的变化。因此空间、时间知觉是形成动作技能、技巧的十分重要的心理素质。

器械感：器械感是一种精细化的专门化的运动知觉，是器械项目运动员在长时期的专项训练实践中形成和发展起来的各种专门化的知觉能力。器械感的特点在于运动员对人、器械、对手（对练）、场地的各种时间、空间特性、物理特性以及操纵器械演练时对人的运动觉特性的感觉能力达到了精细分化发展的程度，它是以运动员的视觉、肌肉运动觉、平衡觉、触摸觉等众多心理机能在大脑皮质协调下的综合活动为生理学基础的。器械感也是运动员的技术水平获得高度发展并出现竞技状态的心理标志。运动员一旦形成敏锐的器械感，就会极大增强完成套路演练的信心和力量，且能使动作灵活自如与和谐协调，并可以使其注意力从持械活动中解放出来，集中于演练过程中迫切需要解决的问题。因此，器械感是争取胜利的重要心理素质，也是高水平运动员突出的心理特征之一。

记忆、表象和想象：套路项目的活动是一种由一系列训练娴熟和固定的攻守技击动作所组成的闭合式的演练活动。这种演练活动一经起势，便自动化地展开和进行，且很少受到外来刺激的影响而变更。一方面，武术套路专项运动员掌握各类技击动作和完成套路演练的效果，与其形成相应的各类技击动作的运动表象和运动记忆是密切相关的。武术运动员的运动表象是否清晰和生动，对掌握高难度动作影响极大。运动员只有在正确识记各种动作和要领的基础上，才能形成较清晰的动作表象。因此，从心理学的角度去分析，完成套路动作演练的关键是依赖运动员记忆中保留和重现出来的运动表象和演练技击动作的肌肉运动觉、视觉、平衡觉等心理机能的活动所反馈的信息，并以此来实现对有机体完成技击动作的直接控制与调节。另一方面，武术套路专项运动活动是以技击动作多样化、精细化、动作结构变异大和注重手、眼、身法、步与精、神、气、力、功内外合一，以及突出攻防技击性为特征的，因而武术套路专项运动员的运动表象和运动记忆的内容也是多样化的。各种运动记忆和运动表象的正确性、清晰性与稳定程度，直接制约着运动员完成套路运动演练的质量与效果。因此，发展高水平武术套路运动员的运动记忆与运动表象能力，对提高完成套路运动活动的演练质量与效果具有重要的现实意义，而清晰、鲜明的动作表象又可促进记忆的发展。

"内"和"神"是指内在的、心理的、精神的内容。外在的形与内在的神的关系表现为外在的形受控于内在的神，内在的神则又通过外在的形加以表现。也就是说，一个或者一系列的武术技击动作，一方面是在运动员的精神、意志的支配下，通过神经系统对有机体四肢与躯干的协调活动，以各种不同的运动方式来完成或表现的。另一方面是运动员关于该动作的精神、实质与意志，是通过这种以四肢与躯干的协调活动组成的各种技击动作加以体现的。对于武术的外在运动形式，如一招一式、进退开合、闪展腾挪等都是可以传授的、可以观摩的；而对于武术的内在的神，如武术的意境、神韵，武术之道的精神与真谛，则只可意会、领悟而不可言传。意境在武术运动中主要体现在运动员对技击动作攻防含义的深刻理解上，以及在广阔的时空中驰骋其艺术想象；神韵是指内在的精神气质，通过外部形体动作表现出来。这都需要运动员积极的思维能力与想象力，只有这样人体的心、神、意、气等内在的心理活动与气息运行才能得到训练,且外部形体动作与内在的攻防意识才能和谐与统一并最终达到"形与神具"的境界。

想象对武术运动员的作用有两点:首先,帮助运动员深刻地领会动作,形成表象并促进其技能的形成;其次,帮助运动员摆脱对动作的机械模仿,充分理解武术的内涵,并通过动作再表现出来,创造出独特的技术风格。因此对武术套路运动员来说,积极的思维与丰富的想象力是十分重要的心理素质。

二、运动竞赛过程中的心理训练

(一)引导运动员形成更好的心理定向

心理定向是指运动员在比赛开始前和比赛过程中的心理准备状态和注意的方向性。

良好的心理定向是与比赛动机、目标、信心三方面紧密联系的。它的作用表现在其能够引起运动员一系列综合生理、心理反应和心理状态与能量的再调整和分配,产生为获取心理定向结果的意志努力和行动。研究证明,中等偏高的焦虑水平对取得优异成绩最为有利。过于强烈的焦虑水平会造成运动员精神上的过度紧张,引起心理和生理功能紊乱,影响比赛的结果。比赛任务和指标以及行动方案制定得是否符合实际,能否被运动员所接受,也会影响到运动员的比赛信心。思想压力过大、取胜欲望过于强烈或缺乏信心,没有渴望取胜的欲望,都会导致运动员心理定向的失败。因此,训练员有必要对运动员的心理定向给予引导。

赛前不良心理定向形成的原因是:运动员注意的方向和目标集中在要取得

多么优异的成绩、获得什么名次，或者过多地去想假如比赛不成功怎么办等问题。

赛前良好心理定向形成的原因是：运动员要摆正心态，面对客观现实，把心理定向的内容集中在要取得成绩需要做些什么、怎么准备以及将注意的定向集中在具体完成动作的方法和步骤方面，也就是说把注意力引向比赛的进程，不要集中于比赛的结果。

（二）教会运动员控制和调节情绪的方法

由于比赛竞争激烈程度远远高于平时训练，特定的比赛环境又易于引起运动员情绪的兴奋，因此运动员会产生心理和生理上的各种紧张反应，如心跳过速、肌肉僵硬、心情烦躁不安、出汗、尿频等。如果这些紧张反应得不到很好的控制，就会破坏其各器官系统的正常功能，并且危害到技术水平的发挥。因此，在比赛前要教会运动员调节集中注意力的心理定式。

点名前的心理定式是形成赛前适宜的竞技状态；点名后的心理定式是调节情绪，提高心理状态的稳定性。

准备上场时的心理定式，是把注意力集中在完成第一个动作上以及成套动作的连接技术的方法上。

在比赛过程中要教会运动员调节情绪的方法，即教运动员学会自我暗示和念动训练。利用语言（内部和外部两种语言形式），通过第二信号系统的作用来调节运动员神经系统兴奋与抑制的转换能力。实践证明，这种方法是行之有效的，如通过多种语言指示能够调节运动员的情绪和内分泌系统的生理功能，使其血压、脉搏、肌肉等生理指标产生相应的变化。语言指示对运动员完成动作的效果也有影响，采用延长工作时间的语言指示，能延长运动员动作的时间和次数，加大动作强度和力量的语言指示能增强运动员肌肉的运动强度和力量。

（三）消除运动员的心理障碍

每个人都会在生活、训练和比赛中遇到各种矛盾、冲突和挫折，并且都要对这些问题做出反应和处理。不同的矛盾、冲突和挫折在不同人身上会引起不同的心理反应，这是由个性心理特征所决定的。因此，找出原因，对症治疗，易于消除赛前运动员的心理障碍。

运动员常见的心理障碍有以下几种：

（1）运动员比赛经验不足，自我控制能力差，意志品质薄弱，或是比赛动作过于强烈，易于在竞赛前形成过分激动状态。

（2）运动员如果在几次比赛中屡屡失败，或在训练比赛中受伤，就会产生自卑感，对比赛缺乏信心。

（3）运动员赛前过度疲劳，伤病长期不愈，对比赛的不利条件想得过多又缺乏解决办法，比赛准备不充分，对以往比赛失误的情感体验太深，易于形成赛前淡漠状态。

（4）运动员赛前心理准备不充分，对对手的情况以及比赛的环境等问题了解甚微，过高地估计自己，易于形成赛前盲目自信状态。

由上文可知，赛前最佳心理状态的标准是：镇静的、战斗的、有信心的状态，主要标志为：

①有较稳定的自信心，相信自己的技术能力。

②有适度的情绪状态，神经过程兴奋性水平适宜。

③有顽强的意志和坚定的取胜志向。

④有良好的抗干扰能力与自我控制能力,能够高度集中注意力,主动地控制信息。

(四)帮助运动员赛后恢复,医治心理创伤

比赛的成功或失败,都会造成运动员比赛后各种各样的心理活动并伴有各种情绪体验。一般来说,无论是成功者还是失败者,情绪体验都有积极和消极两方面。

成功者积极的情绪体验:对胜利充满自信感,对所获成绩产生满足感并希望继续比赛,不断夺取更好成绩。

成功者消极的情绪体验:骄傲自满,看不到自己的缺点或不足,对今后训练和比赛漠不关心,不愿再付出更大的努力。对消极情绪体验的成功者,医治办法主要是多指出其不足之处并使之能够正确地评价自己,保持清醒的头脑,激励其再次成功。

失败者积极的情绪体验:发现自己的缺点并决心去克服它,渴望更快地提高技术,争取下次比赛获胜。

失败者消极的情绪体验:情绪低沉,体力衰竭,丧失斗志,对周围的人和运动不感兴趣,甚至想停止训练和比赛。

对消极情绪体验的失败者,医治办法主要是多指出其优点,增强信心,鼓舞斗志,采取多种恢复手段,消除其精神和体力的疲劳,助其遗忘比赛时的不良情绪体验。这些都需要耐心引导,切忌急躁。

三、心理训练的主要方法

（一）放松与念动训练法

放松训练法是采用多种手段，通过外部或内部语言信息和意念活动，引起脑的反射，借以影响、调节、控制运动中的心理状态、神经和内分泌系统，它是使人的身心处于放松状态的一种训练方法。

念动训练法（或称表象训练法）是指运动员在意识的支配下，按程序在脑中重复再现原有的动作表象，引起相应动作部位产生肌肉活动，从而完成建立和巩固正确动作的动力定型，它是加深动作记忆的一种训练方法。运动表象愈清晰准确，完成动作就愈准确。另外运动表象必须是视觉和动觉相结合的综合表象，这样的训练才是行之有效的。

具体做法如下：

1. 准备阶段

步骤与内容：

（1）向运动员讲解心理训练的基础知识，传授优秀运动员通过心理训练提高成绩的成功经验，引起练习者的兴趣，提高他们的训练自觉性。

（2）教会运动员腹式呼吸、测量脉搏、集中注意力、控制情绪等相关知识和操作方法。

（3）教会运动员利用意会控制肌肉活动的方法。

2. 放松训练阶段

步骤与内容：

（1）让运动员选择最舒适的放松姿势（如半仰坐、仰卧等），闭目或半闭目体会想象身心处于最舒适放松状态的情景。

（2）当运动员的身心处于舒适放松状态后，在音乐伴奏和语言暗示下，运用腹式呼吸放慢节奏，按照上肢、下肢、全身的练习顺序，体会身体放松发热的感觉。

3. 放松—发动—念动训练阶段

步骤与内容：

（1）当运动员能较清晰地体会到全身或身体某部位的放松发热的感觉后，开始进行发动练习，运用暗示语臆想全身或某部位运动时的情景。

（2）当运动员感觉到精力充沛，有想马上进行练习的感觉时，运用预先确定并熟记的单个或成套动作的暗示语，臆想每个动作的表象和用力感觉及连接方式，就好像真正地在做动作。当运动员对动作表象的回忆不清晰时，要配合录像和图片加深对动作的理解。

4. 应用阶段

在此阶段，运动员要把学过的内容运用到训练和比赛实践中去验证，可在课前、课中练习的间歇时间，课后以及赛前、赛中、赛后进行。此阶段训练应特别注意排除干扰，集中注意力，在意志努力下坚持练习，调整不良的心理状态，只有这样才能收到满意效果。

（二）暗示与自我暗示训练法

暗示与自我暗示训练法，是根据人类高级神经活动的特点，利用第二信号系统的作用，调节运动员情绪、意志、注意力等心理活动的一种方法。

暗示与自我暗示的内容是根据运动员所要完成的任务和要解决的问题而确定的。不同内容的暗示套语的指向性和目的性是不同的。

1. 提高自信心和比赛欲望的暗示语

"我已准备好了，全套动作已练习多次，能够很好地完成。我相信自己能成功，能取得好成绩。好了，比赛开始吧。"

2. 调整最佳心理状态的暗示语

"我的手、脚及全身的紧张感觉已不存在了，我现在呼吸均匀，心跳有力，心情平静，肌肉富有弹性和力量，我想去参加比赛，好像被压紧的弹簧，准备迅速伸展开，好了，比赛开始吧。"

3. 清除疲劳的暗示语

"我非常安静，我的右（左）手或脚已感到松弛。我的右（左）手或脚已感到开始暖和了，我的心脏跳动平稳，呼吸节奏渐慢，我的腹腔也感到暖和了，前额凉丝丝的，很舒服，我整个身体都感到舒服了，我想昏睡……"

暗示与自我暗示训练，经常被用于消除和减少训练或比赛产生的身体和神经上的紧张。但只用一种调节方法不一定收到同样的效果。研究表明：积极或消极的赛前状态与神经过程的平衡、强度、灵活性的结合有关。根据运动员神经类型特点应有相应的调节侧重点。

一类：神经过程平衡、灵活的运动员，赛前训练与平常无区别。二类：平衡、情性（不灵活）的运动员，赛前训练情绪应是饱满的。三类：不平衡、不灵活的运动员，赛前训练应降低情绪紧张。四类：不平衡、情性（不灵活）的运动员应先消除紧张，再使其情绪饱满。另外，教练员在训练或比赛中，必须注意运用具有积极意义的暗示语激励运动员的信心，切不可过多地运用具有消极意义的暗示语来刺激运动员的情绪，以免使其产生自卑感，影响心理训练的效果。

四、意志训练方法

意志训练是武术运动员心理训练的重要组成部分,它与克服困难、挫折、失败紧密联系在一起,采用的方法又与技术、身体训练内容紧密结合,其贯穿于训练、比赛的整个过程之中,主要方法有以下几种:

(一)激发运动员良好动机,树立战胜困难的信心

意志品质好与差在一定程度上取决于个人的动机力量。假如运动员能够清楚地意识到自己行动的目的性,那么在困难、挫折出现时就会毫不畏惧,勇往直前。明确的目的、正确而远大的动机,常常能够推动一个人动员自己的一切力量去战胜困难。

(二)采用逐步加大困难的方法进行练习

进行克服困难的意志训练,要采用逐步加大困难的方法进行。不能认为只有巨大的困难才能培养意志,因为巨大的困难一旦成为运动员的心理障碍,往往会使运动员失去信心和斗志。

在武术训练中,由单个动作到组合动作直至成套动作训练的过程,就是逐步培养运动员意志品质的过程。指标训练、超训练、变换条件和环境训练,都是提高运动员自信心和培养运动员坚强意志的好方法。

(三)加强对运动员严格要求和自我监督能力的培养

教练员假如在训练当中放松对运动员的要求,甚至任其发展,往往会导致他们形成不良的训练作风。其表现为:不能集中精力去训练和观察他人的动作过程,把训练看作一种负担或消闲,这对运动员的成长是极其有害的。所以在训练的整个过程中,教练员要坚持做到对运动员严格要求,培养他们的组织纪律性和训练自觉性。同时要加强对运动员自律能力的培养,使他们的一切行动

都成为在自我监督之下的、经过意志努力的、有实际效果的正确行动。另外，教练员要不断加强对运动员自我监督能力的培养，即培养运动员认识自己、评价自己的能力，使其在没有外界帮助的情况下，能依靠自己的独立能力克服缺点和困难。

实行自我监督通常采用的方法：让运动员写日记，每次训练完后，进行总结，即刻评价自己的优缺点、成绩及心得体会；独立制订训练计划；等等。总之，要让运动员认识到磨炼意志的重要性，认识到意志的培养过程实际上就是自我调令、自我动员的过程。使运动员在面对困难和挫折时，能够自我意识到这是对自己意志品质的锻炼和考验，因此必须全力去拼搏，直至夺取胜利。只有这样，意志训练才能收到较好的效果。

六、心理训练的原则

（一）长期心理训练与准备比赛心理训练相结合原则

心理训练是训练的实体部分。教练员在训练过程的各个部分，每个教学环节，甚至每个动作之中都要结合运动员的特点，有意识地加进心理训练的因素，并对其进行长期的、系统性的培养，就需要把握长期心理训练与直接准备比赛的心理训练相结合的原则。长期心理训练是直接准备比赛的心理训练的基础，直接准备比赛的心理训练则是对长期心理训练效果的验证。长期心理训练的主要任务是全面地提高运动员的心理素质水平，而直接准备比赛的心理训练的主要任务是有针对性地消除运动员赛前的某些心理障碍，使其形成最佳的竞技状态，夺取比赛胜利。

（二）身体、技术、心理同步安排、同步训练原则

这一原则要求教练员全面、深入地了解运动员的身体、技术、心理的发展

水平，使心理训练的任务和内容与运动员身体、技术的发展状况相适应，同时做到三个方面即统筹兼顾、同步安排、同步训练，既要考虑到三个教学系统的特点，又不能忽视它们的相互联系。这是因为，人体是在大脑神经系统控制和调节下的有机体，人体的各个部分，各器官系统机能，以及各种身体素质与技术之间，都是相互制约、相互联系的整体，而心理素质与神经系统是中间媒介，在其中起着主导作用。所以某一方面的发展都会影响到其他方面的发展，如果三个方面安排配合得好，就能相互促进，共同提高；三者安排不当则会畸形发展，产生矛盾，阻碍运动成绩的提高。

（三）区别对待原则

心理训练之所以要坚持区别对待的原则，是因为每个人都有自己的个性特点，这些互不相同的特点构成了人与人之间的个性差异。这种差异是不同的先天素质、不同的社会生活环境、不同的教育方式以及不同的实践活动所造成的；这种差异反映在武术训练过程中即为每个人的训练起点不同，而且随着训练的不断深入，每个人的技术水平、身体素质、心理状况也会发生变化。所以，教练员在制订心理训练计划时，必须考虑到每个运动员的个性特点，并据此确定训练任务的内容、方法和手段，做到因人而异，区别对待。只有这样才能解决实际问题，达到预期的训练结果。

（四）逐步培养与不间断培养相结合原则

这一原则一方面要求教练员对训练任务、内容、方法以及顺序的安排要符合运动员的客观实际水平，并注意遵守由易到难、由简到繁、由已知到未知的认识规律，使运动员感到经过努力就可实现，能够接受，而不要急于求成，使运动员感到望尘莫及，影响他们的训练兴趣和训练积极性。另一方面，从训练初级阶段直至出现优异成绩，心理训练都应保持系统地不间断地练习。只有坚持全年、多年地进行心理训练，才能保证运动员在心理上产生一系列良好的变化。时断时续的、要求过高的心理训练，不但会使运动员良好的心理变化无法积累，还会引起心理波动，使运动员良好的心理变化消失。

参考文献

[1] 宋红红. 武术训练理论与教学实践研究 [M]. 长春：吉林出版集团股份有限公司, 2022.

[2] 李翠霞. 解构武术 [M]. 北京：经济日报出版社, 2017.

[3] 王健，孙小燕，陈永新. 中国武术文化的传承教育与可持续发展 [M]. 长春：吉林人民出版社, 2019.

[4] 蔡利敏. 传统武术文化透视与传承发展研究 [M]. 北京：中国商务出版社, 2016.

[5] 江百龙. 武术运动丛论 [M]. 武汉：湖北科学技术出版社, 2009.

[6] 何文革，高旭东. 专项训练发展分析与理论研究 [M]. 石家庄：河北人民出版社, 2018.

[7] 李岩. 困惑与抉择：中国传统武术变革之路 [M]. 北京：九州出版社, 2018.

[8] 方涵涵，陈霞明. 泛在学习理念下普通高校竞技武术教学训练研究 [J]. 体育风尚, 2023(7)：119-121.

[9] 石巧莲，黄子鸣. 基于耗散结构理论的武术教学训练优化研究 [J]. 冰雪体育创新研究, 2023(2)：170-173.

[10] 刘杰. 中学武术教学中训练方法的研究与应用[J]. 运动精品, 2020(5): 28-29.

[11] 罗俊伟. 体教融合视角下青少年武术教学训练策略研究[J]. 武术研究, 2022(10): 80-82.

[12] 曾秀霞, 许剑, 吴焱军. 表象训练法在高校武术教学中的应用研究[J]. 体育世界, 2019(4): 15-16.

[13] 周活新. 新时代少儿武术教学与训练策略研究[J]. 体育师友, 2019(2): 8-10.

[14] 宋健. 武术散打课程教学与训练的实践研究[J]. 中华武术, 2024(6): 99-101.

[15] 董兰超. 武术拓展训练教学模式研究[J]. 拳击与格斗, 2024(6): 37-39.

[16] 罗鹏飞. 拓展训练在高校武术教学中的应用研究[J]. 武术研究, 2017(1): 77-79.